岩 波 文 庫
34-116-7

女 性 の 解 放

J. S. ミル 著
大内兵衛
大内節子 訳

JN275566

岩 波 書 店

目次

訳者序文

本書は John Stuart Mill, The Subjection of Women, 1869 の全訳である。原題をそのまま訳せば「女性の隷従」とすべきであるが、日本においてはこれまで「婦人解放」ないし「女性解放」という題名で紹介されてきていたし、またその題名のほうが日本の読者にはその内容を正しく伝ええうると思われるので、本訳書の題名も「女性の解放」とした。訳出にあたっては、底本として Stanton Coit 編の一九二四年刊行のものを用いた。この底本では、コイトがミルの原文のパラグラフごとに番号を附したほか、巻頭に編者の序説をつけている。この編者序説は二部よりなり、第一部は本書の要旨にあてられ、第二部は一八六九年以来の女性の法律的地位の変化の解説にあてられている。本訳書では、右の第一部のみを読者の便宜のために訳出し、第二部はあまりに専門的特殊問題に属すると考えられるので、これを省略した。なお、このコイトの要旨の番号と本文に彼が附した番号とは一致している。

本書の邦訳は、はじめ、一九二三年大内兵衛によって「婦人解放論」という題名で試みられた。しかし今回はまったく新たに訳し直した。なお訳出にあたっては、山本修二氏訳「女性解放のために」(一九四八年)を参照した。

訳出にあたっては、できるだけ正確に、しかも日本語として読みやすくすることに努めたが、なお不十分な点も多いことと思われる。多くの読者の御叱正をえて、他日より完璧なものに仕上げていきたいと希望している。

一九五六年十一月

大内兵衛
大内節子

編者序説（スタントン・コイト）

ミルの「女性の隷従」の初版においては、その主張を分析し、またその思想の大要を明瞭に辿るのに助けとなるような技術的な方法は何もなかった。内容をしめす目次もなく、各章のみだしもなく、各章を各節に切ってもなかった。

しかも、この論文の構造は、普通の読者が、この種の手助けなしにすましうるほど明瞭なものではけっしてない。あまりにも流暢であるため、段落から段落への移りかわりが、ほとんど気付かれない。それればかりではない、段落それ自体非常に長くて、数頁にもわたっている。全体の思想の水準は高い。そして説話風または歴史的な具体的事例にとぼしく、文学的な比喩もほとんどみられない。結局この論文は、人間の一般性や性格と行為との一般原則や、達見ある予言などの、尨大な概括である。

これらの特徴は、すべてミルがそう考えてやったところである。それゆえ、編者がこれに見出しをつけ、各章を主要な節に分け、あるいはそれに脚註を附することは、適切な措置とはいえないであろう。しかし私は、ここに主張の要旨をつける、が、達成したいと思う目的は同一である。

主張の要旨

第一章　男性の女性支配は暴力と無思慮な感情との上にたつ

第一節　一般の慣習からみて女性の政治的社会的従属を正当と思ってはならない

一　私の目的は、女性の男性にたいする法律的隷従は誤りであり、完全な平等が実現されなければならないということを、証明するにある。

二　この主張を擁護するのは困難である、なぜならば、女性に平等な地位をみとめることにたいする反対は、議論の結果ではなくして、非常に強い感情に根ざすものだからである。

三　また、一般的な慣習は、女性の隷従を黙認しているからである。

四　しかし、一般的な慣習ないし感情でも、それが最悪の人間性の一部から生れたものであることが証明せられるならば、そのような慣習や感情が、たとい一般に行われるものであっても、男性はそれに信をおいてはならない。そして女性の無能力にかんする感情がこのようなものであることは、容易に証明のつく事柄である。

五　女性の法律的従属という制度は、他の社会制度を比較し経験したうえで、これが人類にとって最良であるという理由をもって採用されたものではない。男性が強さにおいてまさるというたんなる肉体的事実が、法律上の権利にかえられ、それが社会によって認められたのである。この法律上認められた権力が正しいかどうかを問題とする識者があらわれるまでには、長い年月があった。女性の隷従は、今日も、社会的便宜を考慮したうえでの結論ではない。それは、原始的な奴隷制の継続である。それが現存するということからは、それが現在まで存続してきたではないかという擁護論しか出てこない。

六 しかし一般にいって、強者の法則は、その肉体的な力が相手方に移るまでは、かならず存続するものである。ところが男性は、いまもなお、その優勢な力を保持している。しかも、女性問題にみられる特殊な様相は、女性にたいするこの暴力関係の存続を十分に説明するものである。

七 過去において、強者の法則は一般に行われていたものであり、かつ承認されていたものであることを知るならば、右にのべたところがまちがいでないことは自明であろう。優者は、劣者にたいして便宜上約束をしたときでなくては、劣者の権利を認めたことはなかった。ストア学派の人々は、最初の人として（ユダヤ人は別として）、奴隷にたいする道徳的義務を教えた。キリスト教はこの信条を説いたけれども、強者をして暴力を放棄させることはできなかった。ただ被圧迫者が復讐をなしうるだけの力をたくわえたとき、はじめて圧制は慎まれた。

八 力の法則にのみ立脚する制度で、このほかにも現代まで存続したものがあることは、忘れられてはならない。たとえば、人間を、売買しうる財産として法律上所有しうる制度。この場合の動機は、露骨な営利欲である。さらに、絶対王政についても考えてみよ。さて、女性にたいする男性の権力は、奴隷所有者や王の権力以上に永続きしないではいないものである。というのは、それは全男性の自尊心と、権力欲と、個人的利益とを満足させるものであるから。また、女性が共同して反乱をおこす心配はあまりないから。なぜならば、一人一人の隷従者とその主人との関係は、隷従者相互の関係よりも、はるかに密接であるからである。

九　奴隷制や絶対王政や力の法則は恣意的なものにすぎないが、男性の支配は自然的だという反駁があろう。だが、右のような圧制の形式はいずれも、それを支持する者にとって、いなそれに隷属する者にとってすら、自然とみえたのであった。何であれ、普通であるものは自然的とみえる。

一〇　女性は、みずから進んで、しかも不平もいわずに、その無能力な状態を受けいれているという議論がある。その答えとしては、多数の女性が不平を訴えていることを確言しなければならない。女らしくない望みは抑えるようにという教えがなかったならば、もっと多くの女性が抗議をするであろう。さらにまた、いかなる隷従階級も、一度で完全な自由をえようと試みたのではないことも忘れてはならない。また、女性は、ふたたび自分の加害者の肉体的な暴力のもとに服せしめられることを知っているから、容易には現存する保護法を利用しないということもある。

一一　女性が集団的に反抗するのを好まないのは、もう一つには、男性をひきつけるような人となることが、女性の教育と品性陶冶との終局の目標となっているからである。いまかりに、平民や農奴が、この場合のように、貴族や領主の寵愛を願うように仕込まれ、寵愛がえられた後も、それ以外の利害関係から遮断されてきたとしたならば、農奴と領主、平民と貴族の関係は、今日になっても、女性と男性の関係と同様、はなはだしい懸隔を示していたことであろう。

第二節　女性の無能力は除去しうるという信念の正しいことは歴史が教えている

三　人類進歩の方向は、女性の無能力を正しいとする主張を強く否定している、そして、このような無能力は消滅するという推論を肯定している。

三　近代社会の特色は、人は各〻そのもっとも好ましいと思う運命をためす自由をもつということである。誰も、たまたま自分の生れついた運命に鎖でしばられている必要はない。この近代的見解は——これと反対の方法が数々の失敗を重ねた後ようやく採用されたのだが——進歩した国においてはほとんど一般的といってよいほど広く行われているのである。現在では、個人的な選択の自由があれば、あらゆる社会活動は最適任者の手にゆだねられると、一般に信じられている。

四　もしこの原則が真理でないというならば、全般的にそれは放棄さるべきであろう。またもしそれが真理であるのならば、女に生まれたからといって、その人が社会的な地位や職業につくのを禁じてはならないはずである。もし十二年に一度でも、女性がある地位につくのに適しているということがあるなら、その女性をそれから除外すれば、それだけ実質的な損失となる。他方、多数の不適当な人間をわざと除外するということは、何の得にもならないことである、なんとなれば、自由競争がおこなわれていれば、不適当なものは自然と除外されるようになるからである。

五　女性の隷従は、生まれが、特定の事柄にたいする競争を妨げる唯一の場合である。いな、ほかに今一つの例外がある。それは、王位は誰も争うことができないということである。しかしこれは実質的なことというよりむしろ表面上のことにすぎない。なぜならば、王位は近代社会における変則であると一般に考えられているからであり、それはまた、ほんの名目的な権力にすぎないほどにまで制限をうけているからである。国王の機能を事実上遂行する職務は、法律上全成年男子にたいして開放されているのである。

一六　女性の従属が、打ち破られた思想と慣習の世界の唯一の残骸であるという事実は、それにたいする反論をひきおこすものである。

一七　すくなくとも、この事実は正義と便宜との問題として、その理非について堂々と討議されなければならない。女性の隷従にたいして直接の経験があたえる有利な証明は、ただ、人類はこの隷従にもかかわらず現在の状態まで進歩したということだけである。他方、社会的な進歩があったときには、かならずそれに女性の地位の向上が伴なってきた。

一八　両性の天性からいって、男は支配に適し女は服従に適する、といっても何の役にもたたない。われわれは両性のそれぞれの性質を知ることはできない。なぜならば、それを、現在の不自然な関係におけるよりほかの関係において観察することはできなかったからである。女性の天性といわれるものは、無理強いされた抑圧と不自然な刺戟との結果にすぎない。

一九　そのうえわれわれは、一般にどのような影響力が人間の性格を形成するかという点にかんしても、お話にならないほど無知である。

二〇　女性特有の性格とは何であるかを知るまえに、われわれは、環境が性格におよぼす影響にかんする法則を分析的に研究しなければならない。教育や外部の環境によっては説明できない女性の特性のみが、女性としての特殊な性質として指摘されなければならない。

二　われわれは、両性のあいだにおける実質的な精神的差異が現在どのようなものであるかということさえ知ってはいない。われわれは愚かな女性の意見は知っている、というのは、愚かな人間は、周囲の人々のいうことを自分の意見とするものだからである。しかし、より知的な女性の精神生活は、われわれにはわからない。男性は、女性の精神を見出しうるような関係にはない。恋愛関係によって、女性の性格の一部面はわかるかもしれない、しかしそれだけ他の部面は隠されてしまう。多くの男性は、一人の女性の性格だけをじゅうぶんに研究する機会をもっている。しかしこの場合、男性が権力をもっているということは、彼と妻とのあいだに完全な信頼がおこるのを妨げる。ところで、一人の女性を理解しても、それは、他の女性を理解することにはならない。まして他の時代の女性、他の国、他の階級の女性はなおさらである。女性自身が、語るべきことを語る自由をもたなければならない。

三　女性が自由に語りうる状態は、徐々にしか来ないであろう。女性の社会的地位が男性の恩恵から独立すればするほど、女性はその真の望みや確信をおそれげもなく語るようになるであろう。その時、独創的な観察と表現にかんする女性の能力も、また発達するに相違ない。

三　男性が、自分たちは女性の性質を知らないということを忘れないならば、男性は女性にたいして、どの職業が適しているかなどということを指令しようとはあえてしないはずだ。さいわいにも、男性の側には、それを十分知る必要はない。というのは、近代の原則によれば、女性の職業選択にかんする問題は、女性自身の責任であるからである。

二四　これだけは確かである、すなわち、女性の本性に自由な活動を許しても、けっして、女性がその本性に反して行動するという結果にはならない。自由競争の結果、女性は、みずからがもっとも必要とされ、もっとも適当している職務にのみ従うようになるであろう。

二五　女性から無能力を除去するのをこのまない男性は、女性が自由であったなら女性は妻や母の天職を避けるにちがいないと考えているようである。だが、この天職が女性には自然であるにもかかわらず、なお彼等がこれを避けるのであれば、それは、この天職が女性の本性の他の側面をないがしろにするという不適当な点があるからに相違ない。結婚状態を、女性の本性にとって魅力あるものとせよ、そうすれば女性はかならず結婚するであろう。これに反して、結婚法が専制法のままであれば、男性は女性にたいして二者択一の権利のみをあたえるのが当然だ。しかし、そうならば、女性に教育をするのがまちがいである。女性はただ家事奴隷になるように育てればよいということになる。

第二章　結婚における法律上の不平等による不正と悪影響

一　結婚は社会が女性にたいして定めた運命である以上、それはできるだけ魅惑的なものとなっているにちがいないと考える人があるかもしれない。しかし社会がその目的を達するためにとった手段は不正なものであった。元来女性は暴力をもって掠奪され、あるいは父親から売りわたされた。なるほど教会は形式的に「イエス」といわせた、しかし修道誓願をたてるのでもないかぎり、父親の主張のまえには、娘が拒絶するなど不可能なことであった。昔、夫は妻にたいして生殺与奪の権を握っていた。イギリスの古法によれば、夫は主人《ロード》であった。そして、妻が夫を殺した場合には軽叛逆罪とされ、火刑に処せられた。以来今日にいたるまで、妻は、犯罪を別とすればあらゆる事柄において、法律上事実上夫の奴僕である。妻は夫のためにする場合のほかは、みずから財産をえることはできない。彼女の相続財産は夫のものになる。金持は財産契約によって、財産を夫の絶対管理権の外におこうとするが、そういう場合ですら、妻は財産権の行使において夫と平等ではない。夫婦は「法律上一人」である。しかし、ちょうど主人が奴隷の行為に責任をもつように、夫が第三者にたいして妻の行為に責任をもつ場合をのぞいては、このことはけっして夫の不利にはならないのである。事実、妻は奴隷よりはましな待遇をうけていることもあろう。しかしいかなる奴隷も四六時中奴隷たるものではないし、キリスト教国においては、女の奴隷は主人にたいして貞操を守る権利をもっていた。けれども妻はそうではない。どれほど残忍な夫であろうとも、妻はその意志に反して獣的機能の道具たらしめられるという堕落を、夫に強いられるのである。彼女の子供にかんしては、法律上彼のものである。もし彼女が夫を棄てるならば、彼女は自分の子供はもちろん、自分の所有物も何一つとして持ってゆくことができない。この場合夫はむりやりに妻を呼びもどすことができる。法にかなった別居をした場合にのみ、彼女は別れて住む資格をもつ。たしかに、隷属しか許されていない者にたいする唯一の緩和策は、せめて誰に隷属するかについて選択の自由をあたえておくことである。しかしイギリスにおいては、いかに夫に虐待されても、そのうえに姦通が加わらなければ、妻は解放されない。

二　女性が実際にうけている待遇は、その法律的地位よりもよい。女性の隷従状態は、男性の愛情や利害関係によって和らげられている。しかし政治上の専制主義にいっさい弁護の余地がないように、家庭内における専制主義もまた弁護されるべきものではない。妻は夫にたいして底知れぬ愛情があるというならば、同じことは内働きの奴隷についてもいえるであろう。まことに、もっとも強い感謝の情は、その人の生命を奪いうるほどの力をもちながら、それを使うことを自制する人にたいしてこそ捧げられるのである。

三　妻の側における愛情にみちた服従と、夫の側における心のひろい寛容という例をあげて論じるのも、また適切ではない。というのは、結婚の制度は（制度としては）一般的なものであるから、悪い夫の場合にこそ人道的に適用されなくてはならぬものだからである。男性は結婚にさきだって、絶対権を行使するにたる人物であるということの証明を要求されはしない。あらゆる種類の男性が、そのもっとも下等なものまでが、自分にしばりつけられている女性をもっている、彼は、彼女を殺しさえしなければ、どんな残酷なことをしてもいい、しかも法律上の刑罰をうける危険はほとんどない。他の関係においては規律正しい男性も（そこで攻勢にでれば反撃をうけるから）、妻にたいしては、ひとり彼女だけが夫の蛮行に抵抗できないという理由で、暴力行為をくりかえすのである。生れつきいやしい男性は、妻は法律的に隷従しているから寛容をもって接してやろうとは考えない、逆に、妻は、自分がすきなように使ってよいものとして法律があたえたのだと考える。たしかに、法律は、最近わずかながらも極端な圧制はおさえるようになった。

しかし、夫が暴行をくりかえしたことを妻が認めた場合、それによって少くとも法律上の別居をなしうるようにならなければ、処罰によって暴行を制圧しようという企ては挫折するしかないであろう、なぜならば、このような事件には、起訴人も証人もいないからである。

四　獣とたいしてちがわない男性も数多くいるので、このような人間と結婚したことからおこる人類の不幸だけでも、そら恐ろしいものがある。むろん、夫が獣でない場合のほうがずっと多い、しかしその場合も、人間味を発揮するのはほんとうに稀である。一番多いのは、これよりさらに道徳的な場合、すなわち、外にたいしては平和に生活しながら、自分の権力に法律的に従属している者にたいしては酷であるという男性の場合である。真相は、絶対権を持ちたがる度合が人によって異るということなのだ。その結果、妻にたいする夫の支配は、夫にかんするかぎり、親切の学校となるよりは、むしろ我儘、傲慢、放縦の学校となるほうが多い。結婚が対等者のあいだでなされれば、男性の悪傾向は発揮される余地がなくなるであろう。短気でわがままな女性なら仕返しができるということは、現在でも変らない。しかし、温順で気高い女性は、このような手段——がみがみ女の手段を思いのままに使うということをしないものである。だから、妻がぶりぶりする権力は、要するに暴にむくゆるに暴をもってする制度であって、これによって犠牲となるのは、もっとも暴虐でない夫である。

五　夫のもつ権力の悪効果を和らげるものは、女性の嬌態ではない、それは、時をへて生れでてくる愛情であり、共通の利害関係であり、夫の日々の慰めにたいして妻が重要な役割を演じることであり、夫が妻を自分と同一視することであり、そしてさらに、妻がつねに夫の傍をはなれないことによって夫にあたえる感化力である。これらの手段をとおして、妻が度をすぎた悪影響を及ぼすことがあるかもしれない。しかし権力を与えたからといって、自由が失われることを償えない。もっとも親切な夫は、妻の影響によって悪くなりがちである、というのは、妻が自分の理解できない分野にまで口出しする場合もおこりうるからである。

六　誰か一人の人間が一家の長とならなければならぬという議論もある。

七　商業上の合名会社はふつう社長をもたないし、またもつ必要もない。合名会社の場合には、権力を理論的に不平等なものとすることは望ましいものではない。結婚においてはなおさらだ。

八　決定を必要とする事項については、一人の人間が唯一の権力を握らなければならないことはたしかである。しかしそれが同一人でなければならぬということはない。権力を二分し、双方の同意によってそれを交換しうるようにせよ。個別的な能力にしたがって分担を決定せよ。こうすれば、結婚がまったくの誤りであるような場合を除けば、以上の点にかんする困難はけっしておこらないであろう。

九　普通夫のほうが年上であるから、優越した権威は夫にあたえられるであろう。少くとも、年齢の相違が大した意味をもたなくなるまでは。同様に、生活費をもつほうが、その点にかんしては大きな影響力をもつであろう。知的優越性もまた、何事にも有力である。これは現在でもすでに行われていることである。しかし現在は、夫はいったん譲歩しても、すきなときに撤回しうるということに法律が定めているために、事態は困難になるのである。

一〇　妻というものは、無理に屈服させないかぎり、何事にも屈服しないものである、という議論も考えうる。昔はそういう話もあった。しかし現在では、女性は男性より自己犠牲的だといわれる。たしかに、女性はそのように教育されているのだ。だから男女同権になったならば、女性の本性はそうでないということが分るかもしれない。また男性も特権階級たることをやめれば、もっと自己犠牲的になるにちがいない。

二　権利の平等では満足のいかない女性もあるだろうと思われる。現在の法律は、そのような人人を励ましている。すなわち、それは女性になんの権利も認めないのであるが、他方において、女性は、その努力によってえられるすべてにたいして権利をもつと定めているからである。

三　法律上男女が平等であることは、夫婦双方にとって唯一の正しい関係であるばかりでなく、家庭を道徳的教養の学校とするための唯一の方法である。対等な人間の社会でなければ道徳的情操を訓練することはできない。われわれは従来服従の徳と騎士道とをもってきた。しかしいまこそ正義の徳をもつべきである。ローマの文明とキリスト教は、人間の要求は性、階級、地位にもとづく要求を超越することを、端的に明らかにした。その後北方人の征服によって、この認識は抹殺された。しかし現在では、ふたたび平等な人間のあいだにおける正義が、第一の徳になりつつある。将来においては、その基調は自己防衛の本能ではなく、共感にねざす結合とならなければならない。結婚は、そのやり方が正しければ、自由の徳の学校となるであろう。

三　現在多数の既婚者が平等の精神をもって生活していることを、私は認める。しかしそうだからといって、彼等が、現在の法律は彼等になんの害もあたえないのであるから、他人にもなんの悪ももたらさない、いな、むしろよい結果をもたらすであろうと考えたならば、それは誤りだ。権力に適さない人間であればあるほど、法律上の権利を極度にまで行使するものだ。女性が法律上奴隷状態にあるために、下層階級の獣的な人間は、自分の妻にたいして軽蔑の念をもつにいたる。

一四 キリスト教は夫に服従せよと命令しているという。しかしこれにたいしては、聖パウロの、「妻よ、汝の夫に従うべし」との命令は、彼が女性の法律的隷従を認めたことを意味しないと答えるしかない。もしそれを意味するならば、彼の「奴隷よ、汝の主人に従うべし」との命令も、奴隷制賛成を意味することになろう。しかし、現行の法律に従えということは、その法律に賛成することにはならない。法律の存続するかぎり、それに従うのは正しい。しかもなお、その法律の廃止のために働くのも正しい。キリスト教が進歩的な国民の宗教であったのは、それが現行の法律の変更を考えていない場合でも、右のような変更をさまたげなかったからである。

一五 女性の財産権という特殊な問題にかんしては、以上私の主張している一般原則からいえば、女性が相続し取得したものは、結婚後も結婚前と同じく彼女自身のものたるべきだということになる。感情の一致がある場合にのみ、財産の共有があるべきである。

一六 財産にかんする権利は、他の弊害と抵触することなしに、妻にあたえることはやさしい。このような権利は、すでにアメリカ合衆国の諸州においてあたえられている。財産がなく夫が家族を支えている場合には、家庭を管理する妻は、正しい分業の一環を十分果しているのである。もし妻が、子供を生んで育て、家庭を世話し、なおその上に働いて収入をえるとすれば、それは、子供たちにも家庭にも損害であるに相違ない。事情が不当な状態にある場合には、女性はこうするしかないであろうが、こうなれば、夫はますますその権力を濫用するようにもなる。働いて収入をうるだけの実力は、女性の尊厳のために欠くことはできない。しかし結婚が対等の契約であって、正当の理由のある場合に別居が可能であれば、またそうなった場合あらゆる職業が女性に開放されているならば、女性が結婚してまで働いて収入を得る必要はないであろう。

第三章　知的独創性に適した政治上の職務その他の機会は男性に独占されている

一　政治生活や報酬のよい職業から女性をしめだすのは、家庭生活における女性の従属を永久化しようとの目的からであるらしい。この動機のために道徳的に盲目となっているのであれば別だが、今日、人類の半数を占める女性を、もっとも劣等な男性にも法律上許されている有益な職業から除外することは正義に反するものであることは、誰でも認めるであろう。しかるに、この除外は、社会の利益という理由によって、つねに正当化されてきた。――この社会の利益とはすなわち男性の利益である。今日では、女性は精神的に無能であり不適格であるということが、その理由とされている。しかしこの理由を人に納得させるためには、どんなにすぐれた女性であっても、大抵は中位の男性に劣るということが立証されなければならない。そういう場合でなければ、すべての職業が競争によって女性の手におちることはないからである。しかしいかに女性を軽視する者でも、男性のすることは何でも立派にできる女性が多いことを、否定はしないであろう。それならば、女性に競争を許さないのは、社会にたいする損害ではあるまいか。しかも、女性に当然の名誉を拒絶し、自己の責任においてその職業をえらぶ権利を否定するということは、不正ではないだろうか。

二　公的な性格をもつ職務だけに、考察を限定しよう。まず選挙権にかんして述べよう。みずから統治をおこなう資格のない者であっても、統治者を選ぶ権利はあるはずである。投票は、自己防衛の手段である。男性の場合、投票の悪用を防ぐ保障手段はどのようなものであれ、それは、女性が投票を悪用することをも防ぐであろう。しかも、女性の利害が男性のそれと異る場合には、女性は、なおさら、正当な考慮を受くべき保障として、選挙権を必要とする。奴隷でさえ法律上の保護を必要とするのであるが、ただその主人が法律をつくるために、そういう保護がほとんどあたえられないのである。

三　女性の適格性については、ここで論じる必要はない。というのは、不適当な男性をしめだすような制度は、不適当な女性をもしめ出すであろうし、また、不適当な男性をしめださない制度でも、その制度のもとで権力をかちえた不適任者のなかに、男性ばかりでなく女性もまじっているというのであれば、別段悪い制度であるとはいえないからである。しかしながら、適格な女性がほんのわずかでもいるというならば、社会的効用の点からいって、これらの女性に門戸をとざすべきではない。

四　女性がすでに示した能力の点についてだけ考察しよう。これまでに、女性が成しとげえなかったことがあっても、それはその能力がないという証拠とはならない、なぜなら、彼等は男性にあてられている職業に向くようには仕込まれないで、それから遠ざかるように訓練されていたのだから。しかし、こういう事実があるにもかかわらず、女性がなしとげ得たことは、彼等に決定的に有利な証拠である。女性がエリザベス女王のような王たり、ジャンヌ・ダルクのような勇士たりうることは、事実である。しかし、こういう人々が送ったのと同じような生涯は、法律上大多数の女性に禁じられている。

五　女性が政治支配に特別に適しているということは、経験のしめすところである。しかしこの歴史的真理を逆用して、侮蔑的な意味をつけくわえて、こういうことをいう者がある、すなわち、王のもとでは女性が治め、女王のもとでは男性が治めると。

六　王や女王の支配を詳細に検討すると、この説のいつわりであることが分る。

七　男性と同じ範囲の活動が許されている唯一の女性は、王室の婦人である。王女と生れた女性が政治的能力をもっているのに、他の階級の女性は、現在その兄弟や夫にあてられている政治的機能を果しえないとでもいうのだろうか。断じて否である。

八　歴史的事実は、女性の性向にかんするもっとも一般的な結論と一致している。このような性向は、たんに環境の産物であると考えられよう。しかし、その如何にかかわらず、女性には、実際的方面への才または傾向——当面の事実にたいする洞察力がみられる。女性が男性と同じだけ知識をもつようになれば、女性は、目前の事態をよりよくつかむようである。女性のあやまった行動は経験と一般知識との不足からくるのであって、知識を利用する能力がないからではない。

九　女性は、物事を集団の一部としてでなく個別的にとり扱う傾向をもっている、また、人々の現在の感情のほうに強い興味をよせる。この二つのことは、もっぱら抽象を過大評価する男性の性癖にたいして、政治上では、中和剤の役割をはたすであろう。

一〇 これらの特徴は、立派な一般論をつくりあげるうえにも有益な手助けとなるが、原則を実地に適用する場合にも有益に作用する。女性は、それぞれの場合を、それぞれのもつ真価におうじてとり扱うのがつねである。利口な女性のもう一つの長所は、理解が非常にはやいということである。これによって、女性は行動的でもある。

一一 女性は非常に神経過敏であるために、移り気すぎるといって反対するものがあるならば、その人々は、次のような事実に注目してほしい、すなわち、このような極度の過敏性は、その神経の力の使い方がはっきりと定まれば、大部分消滅するはずのものであると。現に、男性の場合は神経過敏でも、仕事を効果的に行うことのさまたげとはならない。神経質な人は往々にして興奮状態を持続し、堅固な志操と実行面における統率力とをもつことができる。強い感情は変じて自制の手段となることもある。フランス人のように感激性に富んだ民族が、科学、実務、法律、戦争などにおいて偉大ではなかったとは、けっしていえない。

一二 ある事柄からつぎの事柄へ迅速に移って、知能の流れを停止させないという能力は、一つの事柄に集中を続ける才能よりも価値の多いものである。そして女性こそ、この能力をあきらかにもっている。女性がこの力をもっているのは、生れつきによるのでもあろうが、訓練のたまものでもある。

一三 女性が男性に張合う権利をもつことに反対する議論をする場合、女性の脳髄のほうが小さいということをもちだす人がある。しかし、このこと自体は疑わしいものであり、また、脳髄と知力との関連も論争のある点である。脳髄の大きさは、おそらく機能に無関係ではないであろう。だが、大きさだけが唯一の要因ではない。量と同様、質も考えられなければならない。女性の仕事が繊細であるのは、この質がよいということを示している。女性は、脳の血液循環の活動力においても、男性にまさっているかもしれない。女性の脳髄は、男性にくらべて、疲労するのもはやいが、回復するのも非常にはやいようである。

一四　女性の性質にかんする通俗的な見解は、国によって同一ではなく、その国が女性の性質のどの面を刺戟しているかによって異る。そこで、これらの相違は環境の相違であって、女性の性質の特殊性に帰せられるべきではない。イギリスという国は、人間性の研究にはもっとも不利な国である。というのは、イギリス人は他のいずれの国民にもまさって、行動はおろか感情を動かすにも規則に従うからである。

一五　男性と女性とのあいだの精神的な相違のうちで、どれだけが人為的なものであるか、それは今日なお決定しえない問題である。しかし、外界が精神におよぼす影響を研究することによって、これを推量することはできよう。

一六　たとえば、哲学、科学、芸術における第一流に値いする作品のうちに、一つとして女性の手になったものがなかった、この事実は、すべて外界の影響に帰するわけにはゆかないだろうか。

一七　まず最初に、相当数の女性がこの方面に能力を試みるようになったのは、わずか三世代以来のことであるということを銘記しなければならない。三世代という期間は不十分である。文学においては、女性は、期間の長さや競争者の数からみて、男性と平等であると仮定したうえで、相当といえる程度の功績をのこした。

一八 なるほど、女性は、これまでのところ、思想界に一紀元を画するような思想を生みだしたことはない、また、芸術上新しい流派をうちたてるような着想を生みだしたこともない。

一九 だが、専門的知識がなくとも、すぐれて独創的な作品を生みだすことができた時代において、女性は思索ということに関係しなかったのである、そのことは忘れられてはならない。その後の時代においては、独創性というものは、精密な訓練をへた人でなければえられないものとなった。女性には、そのために必要な準備教育があたえられなかった。それがあたえられないのに、どうして、女性の独創能力を経験によって判断することができようか。

二〇 かりに女性に独創性があるとしても、その巧みな思想は、それを成長させ、それを公表してくれる友人がないために、ともすれば失われがちにならざるを得ない。

二一 狭義の文学や芸術の分野においては、すでにすぐれた模範があって想像力を制圧している、しかも、過去に存在した天才よりもさらに偉大な人を別としては、すべての者はこれを模倣せざるをえない。このような分野にあとから入ってゆくのは、女性の不幸である。

二二 世論は、芸術の部門からは、たしかに女性をしめださなかった。が、また、女性は素人であるのが当然とされてきた。それゆえ公平に考えれば、女性の作品は、専門家でない男性の作品と比較しなければならない。専門の芸術家たる女性は、ごく少数ではあるが、同じ環境のもとにおける男性が示すのと同じくらいの独創性を示している。そのうえ、芸術は、今日においては、最高の独創性をもつ人間をひきつけるものではない。同じ理由によって、同等の能力をもつ女性も、それにひきつけられない。今日では、天才はむしろ他の方面をえらぶ。音楽はこの例外のようである。しかし偉大な作曲家をだした国はドイツとイタリーだけであって、しかもこの二国においては、女性には、いかなる高等な精神能力についても、教養が与えられることはなかった。

三三　両性に等しく解放されている仕事においても、女性には、男性ほど、それに熟達する時間があたえられなかったということも、忘れてはならない。世帯の管理と「社交の義務」とで、女性は手一杯である。

三四　さらに、その名を不朽にするような作品は、ふつう功名心に刺戟されて作られたものである。ところが女性には、名声にたいする執着心がほとんどない。この特徴は女性の境遇のしからしめる結果である。名声が男性にもたらす結果は、女性にはすべて禁じられている。社会はまた、女性が、日常接触する人々にたいしてあたえる印象にのみ気をつかうようにしむけている。女性にたいするこの社会的訓練は、それだけでもって、男女間に存在する明白な相違をたいてい説明しうるであろう。

三五　道徳的相違についてみるならば、女性は男性より善いといいなされて来た。だのに、善い人間が悪い人間に服従するのが既定の秩序なのである。奴隷的服従は女性を堕落させる、がそれ以上に、権力は男性を道徳的に腐敗させる。女性は刑法にふれることがほとんどないといわれるが、他人の支配下にある人間は、めったに罪をおかすことがないものである。

三六　なるほど道徳的には善良であろうが、それにもかかわらず、女性は同情から道徳的偏見におちいりやすいという人がある。この一般論には証明がない。だが、かりに女性は他人のためにあやまりやすいというならば、男性は自己にたいして片びいきである。社会もまたまちがった考えをもっていて、女性は直接関係のある人々だけに義務をつくせばいいと教える。

二七　女性が不平をこぼさないならば、女性の隷従に反対する議論が男性の注意をひくことはけっしてない。そうだからといって、そのことのために、女性の隷従が不正でなくなるわけはない。しかも女性が夫一般のもつ権力に不平をいわないのはなんら不思議ではない。というのは、夫の不賛成な運動に参加する女性は、みずから殉教者とならなければならないからである。それだから、男性がこの事業に参加する覚悟をきめないうちは、女性は、一身を女性の解放に捧げ得るはずがない。

第四章　男性と平等な機会を女性にあたえれば、どんな利益が出てくるか

一　女性が解放されたならば、どんな利益が出てくるか。

二　一人一人の女性が一人一人の男性に従属していることから現在生ずる害悪は、とうてい見逃しがたいほどに恐るべきものである。法律的権力が男性にあたえられていれば、いつまでも男性は、善くも悪くもその権力を濫用する。

三　あらゆる職業を女性に開放せよというと、多くの男性は、それからどういう利益が出てくるか、その説明を聞こうと要求する。

四　(1)　まず大きい利益としてあげられるのは、男性が人為的に刺戟されて不当な身びいきをもつようになることがなくなるであろうということである。女性を除外するということは、男性を堕落させるという効果をもつ、とくに、無教育で品性のいやしい男性にたいしては著しい。労せずしてえられた栄誉というものは、もっとも悪性の自負の念をおこさせるのがつねである。女性全体に優越し、そのうちの一人にたいして権威をもつということは、普通の男性にとっては、尊大を仕込む学園として作用するのである。

五　尊大を仕込むこの学園は、社会的な不正義の城砦である。真の道徳や政治の原則は、尊重にあたいするのは行為だけだということである。すなわち、権力にあたいする唯一正当な資格は、功績であるということ、生まれではないということである。ところが、現在あらゆる少年は、女性の従属によって、この原則に反して教育されている。この教育法をやめないうちは、平等の権利を弱者にも認めるという原則は、男性の情緒とならないであろう。

六　(2)　第二の利益は、社会への奉仕に用いられる精神的能力の量が倍になるということである。能力ある人間は現在きわめて少い。女性にすべての職業を開放すれば、この欠点は部分的には解決する。女性の精神力は、全部使われていないとはいえないが、大部分は浪費されている。自由競争は、女性ばかりでなく、男性の知力をも刺戟するであろう、そしてそれにより、利用しうる能力を大いに増すことができるであろう。

七　女性に平等な機会をあたえれば、女性の教育は進歩し、女性の能力も、男性のそれと歩調をあわせて発達するであろう。女性も、あらゆる種類の事柄を理解するように訓練されるであろう。

また、そうなれば、女性は、みずからその職業をえらぶ資格のある人間であるという自覚をもつであろう、そしてこの自覚のみが、女性の才能と道徳的情操とを無限に発展せしめるのである。

へ　(3)　そうなった場合には、女性の意見は、現在にくらべて、たんにより大きい影響をもちうるばかりでなく、より有益なものとなるであろう。女性は、現在すでに大きな影響をもっている。それは、一方においては緩和し洗煉する力であり、他方においては勇気をよびおこす力であった。このような緩和的な影響力と鼓舞的な力とが結合して、騎士道精神がおこった。それは、敵にたいする好戦的な気質と、とくに女性にたいする優しさとのまじりあったものである。この場合、女性は、その愛情を求める人々にたいして、高い報償をあたえることができるという点で、他の無防禦の人々とは異っていた。

九　女性が隷属的地位にとどまるべきものであるならば、この騎士道の理想はなお維持されなければならない。しかしそれは不可能である。社会の重要な仕事が戦争より産業へ移行した今日においては、弱者はもはや個人的な勇敢な行為にたよることはない。現在男性に切に要求されるものは、勇敢と温和ではなくて、正義と分別である。以前には、正しい行いを強制するものは、主として称讃であった、今日では、それは、悪をしないという力である。弱者は騎士道的感情にたよらなくても、社会によって安全な地位におかれている。

一〇　過去においては、女性が悪い影響をおよぼしたことがしばしばであった、というのは、女性の家族的利害の情が、普遍的正義の原則にたいする献身の情よりも強かったからである。しかし現在の女性の教育と地位とをもってしては、彼等を責めるのは無理である。それが有利であるということを教えられていない事柄を、女性がどうして助長することができようか。

二　女性の世論にたいする影響力は、最近二つの方向にむかっている。すなわち、戦争反対と博愛事業とである。博愛事業における女性の特殊の分野は、改宗勧誘と慈善とである。そのいずれについても、女性は経験も狭く、教育もかぎられていたために、その何たるかを知らないできた。そのために、彼等の影響がよくなかったこともしばしばであった。

三　それゆえ、女性が公共の徳にたいして、現在よりもはるかに有益な影響をもちうるためには、女性は、さらに立派な教育をうけ、人生の諸事実に直面するようにならなければならないと考えられる。

三　誘惑に非常におちいりやすい階級においては、女性の家庭的影響によって、男性は尊敬にあたいする人間になるという話である。悪人ではないが性格の弱い男性の場合には、こういうこともあろうと思われる。が、このような影響は、男女同権を認めた場合には、さらに大きくなるであろう。社会的階級が上になるほど、妻の影響力は、夫が世間一般の水準以下にさがるのを防いでいると思われるが、同時に、夫がその水準以上にあがるのを妨げもするようである。世論の要求以上に夫が傑出しようという大望をいだいている場合には、知能の低い妻は、つねに重荷となるおそれがある。

四　なぜならば、この場合夫は、妻がもっとも大切にするように教えられているもの、すなわち慰安と社会的名声とを犠牲に供することが多いからである。妻をもつものは、誰でも、グランディ夫人(世間)に人質をあたえているようなものである。社会は女性の一生を、社会的名声にたいする犠牲たらしめている。もっとも悪いのは、男性が特別な社会的地位をまったくもたない場合である。そういう場合には、妻は、夫さえあらゆる点からみて世間の期待にそってくれたならば、自分は最高の社交界にはいれただろうに、と考えがちなものである。

一五　夫と妻とのあいだにこのような目的の対立があれば、それは理想的な結婚の妨げとなる。似ていない人同志がすきになるのはやさしいが、愛情を永続きさせるものは目的の近似である。いちばん重要な義務の問題について争いがある結婚は、現実性をもたない。争いの可能性をのぞくために、女性の心を無理にも空っぽにしておくことが多い。意見の相違のない場合でも、趣味のちがいはありうる。しつけのよい夫婦であれば、たがいに相手の趣味を許しておくであろうが、妥協は、結婚の理想ではない。

一六　環境が最良でも、情操の相違はある得る。が、現在のところでは、女子教育の方法がよくないために、この相違はいっそうひどくなっている。男女両性が相互にあいいれない標準にあわせて訓練されるということさえなければ、彼等の興味や趣味はつねに同化にむかうであろう。そうなれば、少くとも人生の大目的にかんしては、二人の一致がみられるにちがいない。それが確固たる友情の基礎である。

一七　立派な性質が相互に違っているのであれば、それはいい。ただ、一方がいちじるしく劣っている場合は、他方にとってはそれは恐るべきことである。優者は、しらずしらずのうちに劣者の感じ方をとりいれるからである。男性と女性との結合は文明の進歩とともに増大してゆく。それゆえ、女性の教育が劣ったままであることは、知的な観点からいって、男性にとって非常な害悪となるのである。

一八　理想的な結婚とは、めいめいが相手を尊敬し、たがいに導きつ導かれつするような結合のことである。この関係をさまたげるものはすべて、野蛮な原始時代の遺物であるといえよう。

一九　これまで論じてきたことは、性による差別待遇をやめたならば、男女両性の精神的能力がいかに増大し、結合の一般状態がいかに改善されるか、また、社会はどれほどの利益をうるか、ということであった。ところで、そのなかでもっとも直接な利益と考えられるのは、解放された人類の半数が感じる個人的な幸福にあるであろう。食べることと着ることがみたされれば、そのうえは、自由こそ人間性の第一の、もっとも強い欲求である。自由への欲求は理性の発達とともに減少するものではない。もっとも発達した社会において、個人の自由はもっとも強く主張されるのである。

二〇　われわれは、自由の重要性を他人については軽視しがちである。しかし誰でも、自身の権威が失われることにたいしては、このうえもない不都合なことと考える。これは国民についても同じである。自由は男性や国民の精神的道徳的能力に勇気と活力とをあたえるものであるが、同様に、それは女性にも勇気と活力とをあたえる。男性は、青年になって長上の保護から解放されたときの感じを思いだしてみるがよい。女性といえども、高められた人生の幸福感を経験することは同じである。自由を否定されたときは、活気にみちた女性はそのかわりに権力を求めて来た。そのためにこそ女性は美しさや衣裳や虚飾にたいして執着したと思われる。女性が解放されさえすれば、このような過度の欲望はなくなるであろう。

二　また、家庭の世話に忙殺されて、その活動力のはけ口をもたない女性のことを考えてみるがよい。広汎な社会的興味と仕事とが女性にも開放されたならば、彼等にとってどれほどの恩恵となるだろう。いまのままでは、子供を育てあげても、なおその活力がおとろえないのに、それを用うべき職業がないという女性の地位はあまりにも気の毒である。彼等の行くべき唯一の道は宗教と慈善とである。しかし彼等の宗教は、彼等が伝道を禁じられているために、実践の宗教とはなりえない。他方慈善には、多数の女性は適してもいないし、それにたいする準備も整っていない。女性の行政的能力は国事において大いに発揮されるにちがいないという人があると、冗談を好む人達は、そういうことになれば、十代の少女が議会や閣議の席に出ることになったり、若夫人が下院へ送りこまれるようになったりするのかという。がそれは、男性でもこんなに若くては政治上の職務に選ばれないということを忘れているからである。たといそのような責任が女性にゆだねられるとしても、それは資格の十分な分別盛りの女性にかぎられるであろう。ところが、そのような女性にたいしては、いま法律は、彼等の性にあわない仕事を申し渡しているのである。そして人々は、女性が、人生を浪費したという感情からどんな大きい不幸に陥っているかは少しも気付かないのである。女性が政治的職務や報酬の多い職業からしめだされているかぎり、この弊害はますます増大するであろう。

三　このように考えてくると、人類が主として学ばなければならない教訓は、自然のもうけた色の弊害を、人類相互のねたみや偏見にもとづく拘束やによって増大させてはならないということである。

女性の解放

第一章

一　この論文の目的とするところは、私がいやしくも社会問題あるいは政治問題についてなんらかの意見をもちはじめたころから、現在にいたるまで、少しも変ることのない所信の基礎を、できるだけ明瞭に説明することにある。この意見は私が反省をくわえ人生の経験を重ねるにしたがってつねに強くなりはしたけれども、けっして弱くなったり変節したりすることのなかったものである。すなわち、両性間における現在の社会関係を規制している原理――女性が男性に法律上従属するということ――はそれ自体において正しくないばかりでなく、いまや人類の進歩発達にたいする重大な障碍物の一つとなっている、それゆえこれを完全なる同権の原理に、すなわち一方には権力や特権をもたせないように、他方には能力をあたえないということのないように、改めるべきだというのである。

二　これから私の試みようとする課題を説明するのにもちいた以上の言葉自体が、この課題のいかにむずかしい仕事であるかをすでに示している。が、この困難は、私の確信の基礎となっている理由が不十分で曖昧であるからだと思ってくださってはいけない。この困難は非常に多くの感情と戦わなければならない場合につねに存するところのそれである。すなわち、ある一つの説が感情につよく根ざす場合には、それに反対する議論が有力であればあるほどその説は動かしがたいものとなる。というのは、もしそれが議論の結果として承認されたものであるならば、その確信は反対の議論によってゆらぐこともあるであろう、が、その説が感情にのみもとづくものである場合には、論戦の形勢が悪ければ悪いほど、その説の主張者は、自分の感情には議論のとうてい達しえない一種の深遠な根拠があるにちがいないというように考えがちであるからだ、そしてこの感情が消えないかぎり、彼はつねにあたらしく論陣をたてなおして旧来の論陣における破口をつくろうからだ。そしてこの問題にかんする感情は、多くの理由によって、ふるい制度と慣習とをごたごたと守っている種々の感情のうちでも、もっとも深刻でもっとも根強いものである、それゆえ近代における精神上社会上の一大変革をみた今日でも、その影響、その力が、他の感情ほどには減殺されなかったというのはけっして不思議ではない。といって、人類が最後まで棄てきれない野蛮性は、そのはやくすて去った野蛮性よりもかならずたちのよいものであるなどと考えるべきではない。

三　誰でもといってよいほど多数の人が確信しているところを攻撃することはなかなかむずかしい。この場合、いささかでも世間の耳目をひくことができたとしたならば、それは彼にとっては非常な幸運である、あるいはなみはずれて彼が有能であるからである。その種の議論が初審の機会をえるのは、他の種の議論が判決をうけるよりもむずかしい。そしてやっとのことで発言をしても、彼は他の人々に課せられるのとは全然ちがった沢山の論理的要求を課せられるのである。他の場合においては、立証の責任は肯定の側にあるとされている。たとえば、ある人が殺人の嫌疑で告訴される場合には、犯罪の証拠をあげる責任は嫌疑をかける方にある、彼自身の方からは無罪の証拠を出さないでよい。また人々の感情にはあまり関係のないある歴史上の出来事、たとえばトロイア戦争はあったかなかったかについて意見がわかれたとするならば、そういう事件があったというほうの人々が、その反対論者にたいして発言を要求するまえに、自分たちのほうから証拠を提出すべきものであると考えられている。そして反対論者はどんな場合でも相手の提出した証拠は無価値であるといえばそれで沢山で、それ以上のことは要求されないのである。つぎに日常のことについていえば、立証の責任は自由にたいして反対するほうにあるといえる。すなわち、人々の行為の一般的な自由を制限する場合であっても、あるいは、他の人々にくらべてある特定の人もしくは特殊の人々が享受している特権を、資格がないからとか不釣合だからとかいう理由で、あたえないと主張する場合であっても、いやしくも自由を制限または禁止しようとするならば、その人々にこそ立証の責任があるのである。というのは、われわれの先験的な前提によれば、自由と公平とはあたえられたものとして尊重されなければならないからである。すなわち、それによれば、いかなる制限といえども、公益のため以外の理由では課してはならない、また法律はけっして特定の人々だけを利してはならない、すべての人を一様に取扱わなくてはいけない、その取扱いに区別をするのはただ正義または政策上のなんらか積極的な理由にもとづいてなす場合に限られるからである。ところがこれら立証の責任にかんする規則は、その一つといえども、私がここで表明するような意見を主張する人々にとって役にたちえない。なぜならば、男性は命令する権利をもち女性はそれに服従すべき義務があるといい、また男性は支配者として適当であり女性は不適当であるというような説をもっている人々は、この問題について肯定の側に立つものであるから、その主張にたいする積極的な証拠をしめすか、または反対論にしたがうか、いずれかすべきであるといってみてもはじまらない。また次のように主張しても何の役にも立たないであろう。すなわち、男性には当然許されている自由や特権を女性にあたえるべきではないという人々は、自由に反対しかつ依估ひいきをしているという二重の嫌疑をこうむっているのであるから、彼等は自分の主張について厳密なる審査をうけなくてはいけない、もしその結果が一切の疑いを晴らすにたるものでなければ、判決は彼等に不利となるのが当然だと。むろんふつうの場合ならばこういう議論はいい議論だとかんがえられもするであろう。が、この場合にかぎってはそうはいかない。かくして、私がなんらかの印象を読者にあたえうるためには、従来この問題について反対の側にたつ人々のすべての論点に答えなくてはならないが、それればかりでなく、いやしくも彼等の試みるであろうとおもわれる論点のすべてを予測しなければならない――すなわち彼等の理由のあるところをみいだし、そのうえそれにたいして全部答えてゆかなければならない、そして肯定の側にたつ人々の議論をことごとく論破するばかりでなく、さらにすすんで、否定論を立証すべき動かすべからざる積極的論点をあきらかにしなくてはならない。いな、たといこれだけのことをみなしとげて、なお反対論者にたいしては彼等が答ええないようないろいろの論点を残しても、また反対論者の主張は全部これを反駁しても、それだけではまだ十分ではない。というのは、一方においては一般の因習によって支持され、他方では人々の非常に有力な感情によって支持されている論拠というものは、とくに高い知性を有する人はともかくとして、普通の知性の人の理性に訴えてつくりだされるぐらいの信念ではどうにもならないほど、強い根拠を有すると考えられるからである。

四　このように、私がくりかえしてこの問題の困難なことをいうのは、けっして不平をいうのではない。不平などはいくらいっても役にたたないものであり、その上この困難は人々の理性に訴えて彼等の感情と実際に彼等がもっている傾向とに反対してゆかなければならない場合に、つねに伴うものなのである。そして大多数の人々が、論理的に抵抗できないような論難攻撃に直面するや、生れてこのかた今日まで自分たちがそのうちに育ってきたところの、そして現在の社会秩序の基礎となっているところの実践的原理をすてさるにいたるほどに自分の批判力を信ずるようになるためには、どうしても彼等の理解力をいままでにないほど十分に養成しなければだめである。それゆえ、私は人々が議論にあまり重きをおかないことを、そしてまたあまりにも慣習と一般的感情とに重きをおきすぎることを、とやかくいうものではない。これは十八世紀にたいする十九世紀の反動を特色づける偏見の一つである、すなわち十八世紀においては、人間性の中にある理性的なものを絶対確実としようとしたのにたいし、十九世紀にいたっては非理性的なものを絶対としようとする。われわれは「理性」崇拝をすて、そのかわり、「本能」崇拝をやる。そしてわれわれの心のうちにひそみ、しかもその合理的基礎をとらえることのできないものはすべてこれを本能とよぶにいたった。この偶像崇拝は、理性崇拝よりもはるかに堕落したもので、現在おこなわれている誤った崇拝のうちでもっとも有害なものであり、その中心をなすものであるが、これはいずれ健全な心理学が発達して、かつては「自然」の意志および「神」の命令としてあがめられていた諸事実の真の根源をあばくようになるまでは、いたしかたのないことであろう。さて、当面の問題については、私は、人々の偏見によっておこる不利な状態をあまんじて受けようとおもっている。それゆえ、もし私が、すでに確立している慣習や一般の感情がむかしから存続してきたのは、それが健全なものであるためではなく、むしろそれ以外の理由によるものであり、また人間のよい性質ではなく悪い性質がその根拠となっているということを立証できないかぎりは、この慣習も感情も、ともに私に決定的な打撃をあたえるものであることを認めなければならない。またもし私の裁判官たる世間がいままでずっとごまかされてきたのだということを私が示しえないならば、世間の裁判は私にとって不利になるということも認めなければならない。これだけの譲歩は一見大きいようであるがかならずしもそうではない。この点を証明するのは、私の仕事のなかでも一番やさしい部分だといえよう。

五　ある慣習が一般におこなわれている場合には、その慣習は立派な成果をも生じたもの、少くともそういうことのあったものであると考えられる。とくにその慣習が、そういう成果をねらう手段として、最初採用されあるいはその後もひきつづき採用されている場合、そしてその成果をもっとも効果的にあげうる方法についての経験に基礎をおいている場合には、しかりである。男性が女性に優越するということが、その発生の当初において社会の支配権を構成する諸種の方法を良心的に比較研究した結果であったならば、もしくは他のいろいろの種類の社会組織をくみたててみて――たとえば女性が男性を支配する社会とか、男女同権の社会とか、またはできるだけいろいろに男女の支配関係を組合わせたり分割したりしてみた社会とか――その結果経験にてらしてみて、女性は全然男性の支配下にたち、公の事柄にはなんら関係をもたず、めいめい個々別別に夫と選んで運命を託した男性にたいして法律上服従すべき義務を有するという方法が男女双方の安寧と幸福とにもっともかなったものであると決定されたのであったならば、これが一般的に行われていることは、少くともそのとりあげられた当時においては、いちおう最善のものであったという証拠になるといってもよいであろう。だが、この場合ですら、そのような制度をよいものとした理由は時がたつにつれて消滅してしまうかもしれないのであって、それは非常に重要な数々の原始的社会制度の場合について考えてみてもわかることである。さて私の場合についていえば、いまのべたこととはあらゆる点においてまったく反対である。まず第一に、弱い性をして強い性に全然従属せしめる現在の制度をよしとするのは一片の理窟にすぎない。なぜならば、現在の制度以外のものはいまだかつて試されたことがないのであるから、通俗にただ経験は理窟とことなるといっても、経験がこの問題にかんしてなんらかの判決をあたえているとはいえないのである。第二には、この不平等な制度がとりあげられたのは、けっして熟慮の結果でもなく、先見の結果でもなく、また一定の社会思想の結果でもなく、人類の福利や社会の秩序に貢献しようとするなんらかの見解から考えだされたものでもない。いなこの制度は、たんに、人類社会のあけぼのにおいてすべての女性が（彼女にたいする男性の評価と彼女の筋肉の力が男性に劣っていたという事実にもとづいて）ある男性に束縛されていたという事実から生れたのである。国家の法律および制度は、つねに、個人間にすでに存在している関係をそのまま認めてつくられる。法律や制度は、ありのままの事実を法律上の権利とする。そしてこれに社会的承認をあたえる、そのねらいは、これにより無秩序で不法な腕づくの闘争のかわりに、これらの権利を主張し保護する公の組織的手段を置きかえることにある。すでに服従をよぎなくされていた女性が、いよいよ法律的にも服従しなければならないことになったのも、こういう次第であった。同様に奴隷制度も、はじめは主人と奴隷との間のたんなる実力関係にすぎなかったが、のちにそれが規律化され、主人同志の規約事項となった、そして彼等は相互に共同防衛の義務をもち、その団結の力によってめいめいの私有財産を保障し、奴隷をもそのうちに含ませた。古代においてはすべての女性はもちろんのこと、多数の男性も奴隷であった。それ以来多くの時代がすぎて、その中には非常に文化の高い時代もあったけれども、識者のうち誰一人として勇敢にこの二様の奴隷制度の正当性とその社会的必要の絶対性とに異議をとなえるものはなかった。しかし漸次そのような識者もあらわれてきた。そして（社会の一般的進歩にたすけられて）、男性の奴隷制度はすくなくともヨーロッパのキリスト教国においてはついに廃止され（そのうちの一国においてはわずか数年前廃止されたばかりであるが）、また女性の奴隷制度もしだいに従属という温和な形に変化してきた。しかしこの現在の形における従属はけっして正義と社会的便宜とを考慮してあらたに創りだされた独創的な制度ではない――それは昔の原始的奴隷制度の継続にすぎない。ただ一般の風習をやわらげ、あらゆる人間関係を正義の支配と人間性の影響とにいっそうよく服せしめるようにしてきた諸原因は、この奴隷制度をも柔和にし修正することに成功した。とはいえ、この制度は最初の暴虐の色を失ってはいない。それゆえ、この制度が存在するという事実から、ただちにそれが正当であるという推断をひきだすことはできないのである。ただ一つここにそういう推断の種になるかと思われるのは、同じようにいまわしい源から発しているほかの種々の制度はもはやそのあとを絶ったにもかかわらず、この制度のみが今日まで残存しているという事実である。そして実にこのことが、男女間の権利の不平等な関係は、ほかならぬ強者の法則に由来するものであるという主張をいかにもいぶかしいことのように、普通人の耳に響かせる原因となるのである。

六　いまのべたことはなんだか矛盾しているようにきこえるかもしれない、そうきこえるのは、ある点においては、文明の進歩と人類の道徳的情操の醇化のたまものである。われわれは——すなわち世界の一、二の先進国の国民は——いわゆる強者の法則はもはや万事を規制する原則ではないとする国家のうちにいる、すなわちここでは何人も強者の法則を公言しないし、また、ほとんどすべての人間関係においてこの法則を行使することは許されない。もしそれをやり遂げるものがあっても、それは、社会一般の利益を代表してするようにみせかける口実のかげにかくれてなされなければならない。実をいえば、これはうわべだけのことだが、人々は暴力そのものの支配はもう存在しないと自賛し、昔から現在まで立派に存続している事柄の存在理由を説明するものとしては、強者の法則は役にたたないという。彼等の考えるところによれば、現在の諸制度がどのような起源をもつにしても、今日の文明時代までそれが保有せられてきたのは、それが人間性に合致し、かつ全般の福祉に貢献するという十分根拠のある感情があるからである。強者に権利をもたせる制度は、その生命力や持続力が非常に強いものであるということを、彼等は理解しない、また彼等はいかに強力にその制度を墨守するか、そして権力者の悪い性癖や感情のみならず、よい性向までもが一致して、そのような制度をいかに維持しようとするか、彼等はそういうことにも気がつかない。またこれらの悪い制度は、一番弱いものから、そして日常生活の習慣と一番関係のうすいものから、きわめて徐々に一つずつ消滅してゆくにすぎないものであるということにも気がつかない、さらに、最初実力をもっていたために法律上の力をえたものは、その実力が彼の反対者の手に移るまではけっしてみずから進んでこれを棄てはしないものであるということをも、解しえないのである。ところが女性の場合においてはこのような実力の推移はいまだかつて起らなかった。そしてまさにこの事実こそ、この特殊の場合に固有な特別の諸相とあいまって、このような力に基礎をおく権力組織が、よしそのもっとも強暴な面こそは他の二、三のそれにくらべれば早くから和らげられたとしても、それ自体最後まで残存するものであることを、最初から明らかにしていたのである。それゆえ、力を基礎とした社会関係のこの唯一の場合が、平等な正義に立脚する制度が幾世代も続くなかに残存し、そこに行われている法律習慣の一般的性格にたいするほとんど唯一の例外として今日にいたったのは、やむをえないことであった。そしてこの例外がそれ自身のはじまった由来を語るか、あるいはわれわれがこれを論究してその真相を捉えるかいずれかでないかぎり、われわれにはこれが近代の文明と相容れないものであるとは感じられないのである。これは、ギリシャ人はみずからを自由の民と考えていたけれども、その家庭内における奴隷制度がそれと矛盾するとは感じなかったのと同じことである。

七　そのわけはこうである。すなわち二、三世代前の人々も、現代の人々も、人類の原始状態がどんなものであったかということについてまったく実状を知らない。当時の社会の実状についてなんらかの心象をもちうるのは、正確に歴史を研究した人か、さもなければ遠い過去に属すべき人種が現に生きている地方をたびたび踏査した人だけである。普通の人は、過去においては、いかに強者の法則がそのまま生活の原則となっていたか、またそれがいかに公然と承認せられていたかを知らない。私がこういったからとて、けっして皮肉でもなく、冷血でもない、というのは、右の言葉にも、これを恥ずべきものと考えていることがあらわれているとおもうからである。しかも、哲人聖者はともかくも、当時の人の力ではそれを恥じるというようなことはできなかったからである。歴史は人間性の残忍な経験を語る。それの示すところによれば、ある階級の人々の生命財産およびあらゆる現世の幸福にたいして払われる尊敬の度は、その人の強制力のおよぶ範囲によって、いかに正確に計られるものか。また武力をもつ権力者に反抗するものは、いかにはげしい憤怒にもえようとも、すべて、力の法則はもちろんそれ以外の法則にも従わざるをえない、それればかりでなく、社会的義務にかんする見解もことごとくそういう反抗者に不利である。またこれを権力者の側からみれば、彼等はたんに罪を犯したというばかりでなく、その罪はあらゆる罪悪のうちでも最悪のものであって、それにたいしては人間の耐えられないような残酷なこらしめを加えていいものである。優者が劣者の権利を認めなくてはいけないと、わずかながらでも感じるようになったのは、便宜上の理由にもとづいて、劣者にたいしてなにかの約束をしたことからはじまった。もっともこういう約束は、それがきわめておごそかな誓約によって認められた場合ですら、久しいあいだほんのちょっとした誘惑や憤怒のためとり消されたりおかされたりしたものであったけれども、同時に、普通以下の道徳心をもった人でないかぎり、この約束をやぶることにたいしては、やはり一抹の良心の苛責を感じないではいられなかったに相違ない。古代の共和国は、最初からある種の相互契約にもとづいて建設せられ、あるいはすくなくとも各人の実力があまり違わない人々の結合によってつくられたから、その結果、そこにおいては、力によるのではなく、法による秩序ある人間関係の最初の実例が、わずかながらみられた。しかしここにおいても、この国民と奴隷、また（明文の契約による制限は別として）国家と国民、および国家と他の独立国家とのあいだには、いぜんとして、旧来の力の法則が相当行われた、けれども、こんなせまい範囲からはじまったにすぎないとはいえ、そのような野蛮な法が排除されたことは、人の心に美しい感情を生ぜしめ、それによって人間性をよみがえらせたのであった。この感情は、まもなく物質的利益にも非常に有益であることが経験上明瞭になったから、その後はあらたに創造しなくても、ただそれを拡大しさえすればよかったのである。奴隷はむろんこの国には関係のないものであるけれども、かれら奴隷が人間としての権利をもつものであると考えられるにいたったのはこの種の自由国家においてであった。私のみるところによれば、人は奴隷にたいして道徳上の責任を有するものであることを道徳の一部として教えた最初のものは、ストア学派の人々であった（ユダヤ法が例外をなしているのは別として）。理論上では誰もこの信条を無視するわけにはゆかなくなった。ことにカトリック教派が発達してからは、この信条を積極的に擁護する人はすくなくない。しかしそれを強制することはキリスト教にとっても一番困難な仕事であった。カトリック教派は一千年あまりものあいだ不断の努力を続けたが、あまり思わしい結果はえられなかった。その教派が人心を支配する力がなかったからではない。その力は巨大であった。それは、王侯貴族をしてその財宝を寺院に寄進せしめるに足りた。また、幾千の人をしてその青春とこの世の栄華の絶頂において身を修道院に埋め、貧窮と断食と祈禱とによって救済を願わしめることができた。また聖地を奪還するためには、遠くヨーロッパやアジアの山河を越えて、幾十万の決死の兵を動かしたほどの力をもっていた。あるいは、国王の熱愛していた王妃が七等親（われわれの計算によれば十四等親）にあたることを教会が宣告したため、ついに国王はその王妃を離婚したほどのこともあった。こんなことまでさせた教会も、しかし、人々が相互に争うのをとどめ、奴隷にたいして、いな力があれば市民にたいしてまで、残虐にふるまうのを抑えることはできなかった。また、人々をして、軍事的な力であれ勝利者の力であれ、暴力の使用を放棄せしめることもできなかった。さらに優勢な力が立ちかわって彼等を強制するにいたるまでは、人々はけっしてそれをやめようとはしなかったのである。すなわち君主の力が強大になって、それによってはじめて、王と王とのあいだの戦争および王位競争者間の戦争以外の争は、やんだのであった。また、武装都市における富裕にして好戦的な市民が発達し、戦場においては訓練なき騎士団よりも強力な平民歩兵が発達したとき、はじめて、市民と農民とにたいする傲岸な貴族の圧制が、あるていどの制約をうけるにいたったのである。しかもこの圧制は、被圧迫者が力をたくわえてしばしば相当の復讐をすることができるようになるまでおこなわれた、そしてその後もずっと続いた。ヨーロッパ諸国においては、それはフランス革命の時代までも続いたが、イギリスでは、平民階級が立派に組織されていたので、比較的はやく終りをつげ、それにより、平等な法律と自由な国家制度とが確立した。

へ　以上のべたように、われわれ人類の歴史の大部分を通じて、力の法則は、一般的行為の原則として是認せられ、それ以外の法則はただ特殊関係から生じた特別な例外的なものであったこと、また社会一般の事柄が外観だけでもなんらかの道徳的法則によって規制されるようになったのはきわめて最近であるということは、人々はあまり知らない。これと同様に、人々は、力の法則以外になんの根拠ももたない制度や習慣が、もしそれらをあらたに確立しようとすれば、それを世論がけっして許さないであろうとおもわれる時代にまで、いつまでも残っているということは、考えてもみないし、思いもおよばない。ほんの四十年たらず前までは、イギリス人も、人間を、売買しうる財産として奴隷にしておくことは、法律上できないことではなかった。いな、今世紀（十九世紀）になってさえも、彼等は人を誘拐《ゆうかい》してこれを文字どおり死にいたるまでこき使うことができたではないか。むろんこんな極端な力の法則の実例は、たいていの専横を黙認する人々でも許さないであろう、また公平な立場にたつすべての人の感情にとっては、何にもまして不愉快に思われることであろう、けれども、それは、文明のひらけたキリスト教国たるイギリスに厳存した法律であったのだ、そして現に生きている人の記憶にいまもあらたなところである。またアングロサクソン人のアメリカにおいては、その半分に、わずか数年前まで奴隷制度が存在していたばかりでなく、奴隷諸州においては、奴隷の売買と、それを目的とする奴隷養育とが、一般におこなわれた風習であった。ところでこれにたいしては、十分に強い反感があったばかりでない、少くともイギリスにおいては、奴隷制度を是認する感情や利害関係は、慣習的な力のいかなる濫用にたいしてよりも、はるかに少なかった。というのは、奴隷制度の動機は純粋にして露骨な営利欲であったからだ、そしてイギリスではこの制度によって利益をえていたものは、きわめて少数であったのに反して、利害関係をもっていないものは、それにたいしてはげしい嫌悪をいだいていたからである。このように極端な例をあげれば、もはや他に例をしめす必要はないようであるけれども、さらにいま一つ絶対王政がいかに長く続いたかということを考えてみよう。現代イギリスにおいては、誰でも軍国的専制は力の法則の一例であって、それ以外なんらの起源も正当な理由もないものであると確信している。しかしこれは、イギリスにおいてそうであるだけで、現在ヨーロッパの諸大国では、いまなお軍国的専制の存続している国もあれば、昨今ようやくこれを廃したばかりの国もあるのである。そしてこれらの国々においては、いまだに、国民の各階級をつうじて軍国的専制に賛成する強大な政党があり、とくに地位の高い人や有力者にこの考えが強い。このようにある制度がひとたび確立してしまうと、たといそれが普遍的には行われなくても——すなわち、歴史上いかなる時代をとってみても、それと反対の制度の有名な実例がすくなくないばかりでなく、かえってかかる実例はほとんどつねにもっとも輝やかしく栄えた社会によって示されているという場合でさえ——それはきわめて強いものであるということがわかる。いずれにしても、この軍国的専制の場合には、不当な権力を有し、かつこの制度によって直接利益をえるものは、わずかに一人であるのにたいして、それに服従しそれによって苦しめられるのは、文字どおりその他一切の人々である。このきずなは、現在王位にあるものとせいぜいその王位を継承すべきもの一人とを除いた他のすべての人にたいしては、当然かつ必然に屈辱をいみするものである。さて、以上の例と、男性の女性にたいする力の関係とは、いったいどれほど異なっていることか。私はいまこの問題の正否をむやみに速断しようとは思わない。しかし以上の例のような支配権が今日まで存続してきたとしたならば、男女両性の関係もまた、たといそれが正当ではないにしても、はるかに大きな永続性をもたざるをえないものであることをあきらかにしておきたい。なぜならば、権力の所有にともなう自尊心の満足や、その権力を行使することによってえられる個人的利益がいかに大きいかということが、この場合においては、たんに限定された一階級の問題ではなくして、全男性に共通のものだからである。いいかえれば、それは、その支持者の大部分にとってもっぱら抽象的に希望されるにすぎないようなものではない、あるいは、諸党派がめざすところの政治目的のように指導者以外のものにはほとんど個人的意義をもたないようなものでもない、それは家長および将来家長たらんとする男性の身に、またその家庭に直接こたえる問題である。百姓であっても、この種の権力を行使しうることは貴族とかわりないのである。この場合権力をえたいとの念はとくに強い。というのは、権力を欲するものは誰でも、自分にもっとも近く、自分と生涯をともにし、利害関係を共通にし、自分の権威がおこなわれないのは自分の面子にかかわるという者にたいして、そういう権力を振いたいと切望するからである。まえにのべたように、権力があきらかに力のうえにのみ立脚していてそれを支持する根拠があまりないような場合においてさえ、それを駆逐するには、長い年月と多くの困難とが必要であったとすれば、この場合においては、なおさらそうであるにちがいない、たといそれが、まえにのべたものほど強固な基礎をもたないにしても。いま一つわれわれの考えなければならないことは、この問題の場合は、力の所有者は、これに反対する勢力を阻止する便宜を、他の場合よりもよけいにもっているということである。すなわち、すべての隷従者たる女性は、かならず一人の主人の眼の前で、いな、眼の前というよりは手のうちに、生活している。そして彼女とその主人との関係は、隷従者相互の関係よりもより密接である、女性は、その主人にたいして同盟をつくって対抗することなどとてもできることではない。また、部分的に彼を制御する力もない、いな、彼女は、かえって主人の好意をもとめその怒りを買うまいとする強烈な動機をもっている。政治上の解放運動においては、その首領たちが賄賂《わいろ》で懐柔されたりテロによって志を挫折することがあるのは周知のとおりであるが、この女性の場合においては隷従者階級の一人一人が贈賄と脅迫との結合した慢性病にかかっているのである。したがって現状にたいして反抗の旗印をかかげようとするならば、多くの指導者と、さらにそれよりも多数の追随者とが、自分一人の運命のよろこびやなぐさみをほとんど完全に犠牲にする覚悟がなければならない。かつて特権と服従の強制とによって圧服せられた人々の首に、かたく軛《くびき》をしめつけた制度があったとすれば、この男性の女性にたいする関係こそ、まさにそれである。私は、以上のところでは、まだこれが悪い制度だとはいっていない。しかし、いやしくもこの問題について思考する能力のある者は、たといこれが悪制度であるとしても、他のすべての不当な権力形態よりも、長い生命をもつものであるということは、わかるであろう。いろいろのひどい権力形態は、いまもなお、多くの文明国に残っている、それらは他の国々でも最近ようやく駆逐されたばかりである。それを考えあわせてみるならば、これほどまでに深く根をはっている不正が、少しでも動揺をきたすことがあれば、それこそ不思議なくらいである。いな、これにたいする異議や抗議がちかごろのように非常に多くかつ有力であることこそ、驚くにあたいするといえよう。

九　男性の女性支配と、それにたいする例証として私があげたいろいろの不正な権力の形とを比較するのは、正しくないといって、以上の論に反対するものもあるかもしれない。というのは、そういう形は恣意《しい》にもとづき、たんなる簒奪《さんだつ》の結果としてできたものであるが、男性の支配のほうは、それと反対に、自然的だというのである。しかし、いったい支配権の所有者にとって自然的とみえない支配権などというものがあるだろうか。むかし人類が少数の主人と多数の奴隷との二階級にわかれていた時代においては、もっとも教養の高い人々でさえ、それが人類の一つの自然的な状態、いな唯一の自然な状態であると考えたではないか。アリストテレスほどの賢人で、人類の思想の進歩にいちじるしい貢献をなしたものでも、この説を持してうたがわなかった、しかも、その理由は、男性が女性を支配すべしというふつうの主張とおなじ前提にたっていたのであった。すなわち、人類には、自由人たるべき性質と奴隷たるべき性質との二つがあるというのだ。この立場から、彼はギリシャ人は自由の人たるべき性質を有し、トラキア人やアジア人は奴隷たるべき性質があると考えたのである。アリストテレスにさかのぼるまでもない。アメリカの南部諸州の奴隷所有者たちは、人間が自己の感情と利益とを正当化する理論に執着するときに示すあの熱狂振りをもって、いかにこの種の主義を擁護していたことであろうか。彼等は天と地にむかって、白人が黒人を支配するのは自然であって、黒人は天性自由を享有することができない、奴隷としてえらばれた民であると叫んだではないか。そればかりではなく、肉体労働者が自由をもつなどということは、どこにおいても自然の秩序に反するとまで極言した人さえあったではないか。さらに例をあげれば、絶対王政の理論家たちは、絶対王政をもって政治の唯一の自然的形態であるといってきた。というのは、それは、社会の原始的自然発生的形態たる家父長制度から発達したものであって、社会そのものよりもさきに存在した父権にかたどったものであるからだというのである、そして彼等の主張によれば、これがあらゆる権威のなかでもっとも自然な権威だというのである。いなそれどころか、このことにかんして、なにか別の主張のない人々にとっては、力の法則そのものが、権力行使の理由中、もっとも自然な理由であったのである。被征服者が征服者にしたがう、これは「天」の命ずるところである、征服種族はそう考える。これを、彼等の美しい言葉であらわせば、戦に弱く力のない種族は、より強く雄々しい種族に従うべきであると。中世における人間生活を少しでも心得ているならば、当時の封建貴族にとっては、下層のものを支配することが、いかに自然であると考えられていたか、また、低い階級の者がかれら貴族にたいしてあるいは同権を主張し、あるいは支配しようと考えることが、いかに不自然と思われていたかがわかるはずである。貴族ばかりでなく、服従を強いられていた階級でも、それ以外には考えられなかった。解放された農奴や市民も、もっとも熱心にたたかっていたときでさえ、けっして権力の一部にあずかろうと要求したことはなかった。彼等の要求は、自分たちの上に加えられる圧制の暴力をわずかでも制限してほしいというだけであった。まったくの話、不自然というのは、がいしてそういう習慣がないということを意味し、通常おこなわれていることは、みな自然的とみえるものである。女性が男性に隷従するということは、世間一般の習慣である、そこで、いやしくもこれと異ることはすべて不自然にみえるのも当然である。しかしこの場合においてさえ、感情というものは、もっぱら慣習にもとづくものであるということは、豊富な経験がこれを示している。たとえば、世界の遠くはなれた国の人々がイギリスについて少し勉強して、イギリスが女王に統治せられていることを知ったならば、彼はこの上もなく驚くであろう。そしてそれはあまりにも不自然で、あるいは信じがたいとさえ思うにちがいない。ところが、イギリス人はこれに慣れているから少しも不自然だとは考えないのである。しかし、そのイギリス人といえども、女性が兵隊となり国会議員となったとすれば、それは不自然だとおもうであろう。だが封建時代においては、戦争と政治とは女性にも不自然なこととは考えられていなかった。それはよくあることであったからである。すなわち、特権階級の女性は、体力以外の点では、その夫や父親にくらべて劣らないほど男性的でなくてはならぬとされていたのであった。またギリシャ人は、伝説中のアマゾン人（彼等はアマゾン人の存在を歴史上あったことと信じていた）や、あるいはスパルタの女性にみられた一部の実例やをみて、女性の独立ということを、他の古代民族ほど不自然なこととは考えていなかった。まことにスパルタの女性は、法律上においてこそ他のギリシャ諸国の女性と同様に従属の立場にあったけれども、実際上ははるかに自由であって、男性と同じ肉体的訓練に服していた、そして女性も、先天的には、肉体的訓練に堪えられないものではないということを十分に証明したのである。このスパルタの実例をみて、プラトンがその数多くの教義のうちに男女両性の社会的政治的平等の教義を加えたことはうたがいのない事実であろう。

10　しかし、男性が女性を支配するのは、上述のような力の法則とは異った理由にもとづくものであると、主張するものがあるかもしれない。すなわち、この支配関係は女性の側から進んで受けいれられているのであって、女性はなんの不平もいわず、むしろこれに同意しているのだとするのである。しかし第一に、多数の女性は、そういうことを承認しない。女性がその著作によって感情を吐露することができるようになって以来（これは社会が彼女らに許す唯一の発表方法である）、自分たちの現在の社会状態にたいして抗議をする女性の数は増加してきている。最近においては数千人の女性が、世間にきこえた婦人を先頭にたてて、議会にたいして婦人参政権承認の請願をするにいたった。女性が男性と同様に十分、しかも各方面の学科にわたって教育をうけたいとの要求は、日ましに強くなってきた、そしてそれは非常に有望なこととされている。一方、従来女性にたいして閉されていた各方面の職業を開放してほしいという要求も、年を追って強くなりつつある。もっともイギリスにおいては、アメリカにおけるように、「女権」を要求するための定期的集合や組織的会合はないけれども、政治上の選挙権を獲得しようとするせまい目的をもって女性によって組織され経営されている団体が、多数に活動している。このように、女性がその苦しい無能力にたいして、多少とも集団的な反抗を試みようとする傾向は、なにも英米二国にかぎられたことではなく、げんにフランス、イタリー、スイス、ロシヤにおいても同じ事例をみうるのである。これ以外にどれほど多数の女性がおなじ望みを胸にいだいて黙しているであろうか。それは何人も知りえないことである。けれども、もしそういう望みをもつのは女性の礼儀作法に反するから抑圧すべきであると、これほど強く教えられていなかったとしたならば、はたしてどれほど多数の女性がおなじ望みをいだくにいたるであろうか、これについては数多くの証拠がある。また忘れてはならない、いかなる隷従階級も、一度に完全な自由をえようと試みたのではなかったことを。シモン・ド・モンフォール（十三世紀のイギリスの軍人・政治家）がはじめて市民の代表者を議会に集めたとき、国民の選挙によって成立した議会が内閣を組織したり瓦解せしめたりし、あるいは国務にかんして国王に指図するようなことを要求しようとは、誰が夢想しえたであろうか。彼等のうちもっとも野心満々たるものでも、このようなことは想像もしなかったであろう。あるいは貴族のなかにはこのような野望をもっていたものもあったかもしれないが、一般市民の要求したことは、ただ専断的な課税と官吏のはなはだしい個人的圧制とからのがれたいということにすぎなかった。けだし起源の古い権力に服従するものは、その権力自体をうらむまえに、まずその権力の圧制的な行使にたいして不平をおこすのが政治上の自然律であるからである。これと同じく、女性が夫の虐待をかこつ声は絶えたことがない。もしこの不平の声が、男性をはげしく挑発してその虐待をますます反覆増大させる結果とならないものであれば、それは現在よりはるかに多くなるであろうとおもわれる。しかしこのことのために、一方において夫の権力を維持しながらも、他方その濫用から女性を守ろうとする努力は、一切失敗に終るのである。ほかの場合ならば（子供の場合は別だが）、危害をうけたことを裁判で証明された人が、ふたたびその危害を加えた犯罪人の手に託されるということはありえない。したがって妻はいかに夫からはなはだしくしかも長い期間肉体的に虐待された場合でも、自分たちを保護するためにつくられた法律をあえて利用しようとはしないのである。そして、どうしようもない腹立ちまぎれや、隣人の干渉などによってかりに法律の手段に訴えるような破目になったとしても、その後は、ひたすら万事を秘密にして、暴君たる夫が当然受くべき懲罰をなるべく受けずにすむようにと哀訴するほか、道もないありさまである。

二　このような種々の社会的原因と自然的原因とのために、女性が連合して男性の権力に反抗することは困難なこととなっている。女性は、その主人から現実の奉仕以外に、別のものを要求されるという点で、他の隷従階級とは大いにことなった地位にある。すなわち男性はたんに女性の服従を要求するばかりでなく、その愛情をも要求する。極端に粗野な男でもないかぎり、すべての男性は、自分たちともっとも関係の深い女性が、いやいやながらの奴隷ではなく、いそいそとした奴隷であること、すなわちたんなる奴隷ではなくお気にいりであることを望む。そこで彼等は、あらゆる方法をつくして女性の心までとらえて奴隷にしようとする。ふつうの奴隷の場合には、主人は、服従させるために、恐怖の念、すなわち自分または神にたいする奴隷の恐怖を利用するのである。ところが女性の主人は、たんなる服従だけでは満足せず、さらにその目的を達するためにあらゆる教育的手段を利用したのであった。すべての女性は、きわめて小さい時分から、理想の女性とは理想の男性と全然反対の性格をもつ人でなければならないという信念で養育される。すなわち、我儘をすてよ、我意をとおすな、そしてただ服従せよ、人のいうことに従え、と。すべての道徳が女性の義務として教え、すべての現今の感傷性が女性の天性として指摘するものは、人のために生きるということである。すなわち、女性は完全に犠牲とならなければならない、愛情以外に生くべきものはないのである。ここにいう愛情とは、女性がもつことを許されている唯一のもののことである、すなわち、それは自分に結びつけられている男性、もしくは夫と自分とのあいだにできた破ることのできないきずなたる子供にたいする愛情にほかならない。いまここに三つの要素を結びあわせて考えるとき——まず第一に、異性の相ひくのは自然であること、第二に、人の妻たるものは夫に完全に従属していること、彼女のもつ特権や快楽は、すべて夫の賜物であるか、または夫の意志によって左右されるものであること、第三に、人間の追求する根本目的も、尊敬も、社会的功名心の目標も、すべて夫を通じないではえられないのがふつうであること――これらをあわせて考えれば、女性の教育と品性陶冶の唯一の目標が、男性にたいして魅惑的たれということであっても、けっして不思議ではない。こうして女性の心を支配するこのおそるべき方法がいったん獲得されると、我儘な男性の本能は、女性をして従属的地位に甘んじさせる方法として、それを極度に利用し、女性にたいして温和や柔順や個人的な意志をすべて夫にゆだねることなどをもって、女性たる魅力の要素であると主張してきたのである。人類が過去において打破することに成功してきた数多くのきずなにおいても、右にのべたような方法があったとして、人々の心を屈服させるためにたえずそれが用いられたとすれば、それらはいまなお残存しているであろうことを誰が疑いえよう。たとえば、古代ローマのわかい平民の生涯の目的が貴族の寵愛をえることであり、中世のわかい農奴のそれが領主の寵愛をえることであったとすれば、また、主人の家に住みこんでその愛顧をえることが彼等すべてののぞむ賞品であり、才能もあり野心もあるものでなければ手に入れがたいものであったとすれば、そして、いったんこの賞品がえられると、彼等は主人にかかわりのないすべての利害関係や、主人が持ちあわせも教えもしないすべての感情や希望からは、鉄のカーテンをもってへだてられていたとすれば、この農奴と領主、平民と貴族との関係は、今日にいたっても現在の男性と女性の関係と同様、はなはだしい懸隔を示していたにちがいないとはいえないだろうか。しかも、そここの一、二の思想家を除いて、世人一般は、この相違は人間性の根本的かつ不変の事実であると信じなかったであろうか。

三　右に考察をくわえたところによって、その慣習がいかに一般的におこなわれていようと、そこから、女性が社会的政治的に男性に従属する機構を是認するような偏見をみちびくのはよくないし、またそういう推測はこの場合不当であるということが、十分あきらかになったとおもう。しかし私はいま一歩進んで、歴史の方向と人類社会の進歩の傾向とは、両性間における権利の不平等の機構を是認しないということ、そればかりでなく、むしろこれを否定する強い形勢を示していることを説明したい。さらに次のことも説明しよう、すなわち、今日にいたるまでの人類進歩の全行程、いいかえれば近代的諸傾向の大勢がこの問題にかんしてなんらかの推論を下しているかぎり、それは、この過去の遺物がもはや将来とは調和しないものであって、かならず消滅するものだということである。

四　それでは、近代社会の特色はなんであるか——近代の制度、近代の社会思想、および近代の生活それ自体は、過去のものといかなる点でことなっているであろうか。それは次の諸点である。すなわち、人はもはや生れながらにして一定の身分をもつということがないこと、その身分に、容赦なくしばりつけられて動けないということはないこと、自由にその能力を用いて、目の前の好機をとらえ、もっとものぞましく思う運命をためしてよいこと。古代の社会は、これと大いにことなる原理の上に構成されていた。すべてのものは生まれながらにして一定の社会的地位を有し、大部分は法律によってその地位にとどまることを強制され、それから逃れる手段はすべて禁止されていた。人は生れながらにして白人であり、黒人である、そのように、あるものは生れながらにして奴隷であり、あるものは自由人であり市民であった。かくしてローマでもあるものは貴族、あるものは平民として生まれ、また中世においてもあるものは封建貴族、あるものは平民または小作人として生まれた。奴隷や農奴は、みずから自由となることはけっしてできなかったし、主人の意志によるよりほかは、そうなることもできなかった。ヨーロッパ諸国においては、中世の終りにおいて、はじめて普通の市民が貴族となりえたのであり、かつそれは王権が強くなった結果である。いな貴族においてさえも、長男は生まれながらにして父親の財産の唯一の相続人であった、そして、父親が自由にその相続権を否認できるようになったのは、じつに長い年月をへたのちのことであった。これを商工業者の階級についてみるならば、ギルドの組合員の家に生まれたもの、または組合員によってギルドへ入るのを許されたものでなければ、そのギルドのある地域内で、その職業を合法的にいとなむことはできなかった、また、重要な職業には、何人も、法律上の許可がなくては——それも正式な規定にもとづく手続をへたうえでなければ——つくことはできなかった。製造業者は、新しい方法で仕事を始めたりすることのないように、いわばくびてかせをはめられていたのである。しかるに、近代ヨーロッパにおいては、とくにあらゆる近代的な進歩発達のもっとも多くみられる地域においては、いまやこれとは正反対の信条が勢をえている。すなわち、法律も政府も、社会的または産業的活動にかんして、誰々はこれをしてもよいが誰々はこれをしてはいけないなどと規定したりしないばかりでなく、その方法にかんしても、いかなる方法が合法的であるかなどという規定はおかない。それらはすべて個人の自由選択にまかしている。一人前の職人となるには一定の徒弟期間をへなければならないという法律でさえ、この国では廃止されるにいたった、というのは、年期奉公が必要な場合には、その必要自体が徒弟制度を維持するのに十分であるという保証があるからである。要するに、古い理論とは、個人には選択の余地をなるべく残してはならない、個人のなすべき仕事は何もかも目上の賢い人がきめるというのであった。すなわち、個人にまかせればかならず間違うというのである。これに反して、千年もの経験をへて確立した近代の信条は、個人に直接利害関係のあることはその人自身の判断にまかせておくのが一番いい方法であって、他人の権利を保護するためならともかく、政府がかれこれ干渉するのは結局有害だというのである。この結論は長い年月をかけてえられたものであって、それと反対の理論を実行してみたら、それがことごとく惨憺たる結果に終ったのちに、やっと採用された結論である。いまやこの理論は(産業界においては)、ひろく先進諸国におこなわれている、そしてまたなんらかの進歩をしようとしている国々においても、ほぼ一般に認められているところなのである。この理論は、けっしてすべての方法は等しくいいものであり、すべての人はすべての事業にひとしく適するというのではない。ただ個人の自由な選択にまかせておくことによってのみ、最良の方法を採用することができるということがわかったというだけであり、また同時にそれが、それにもっとも適した人に各作業をあたえるというだけのことである。腕力の強いものでなければ鍛工にはなれないという法律をつくらねばならぬという人はない。自由と競争とにまかしておけば、それだけでしぜん腕力のある人が鍛工になる。なぜならば、力の弱い人は、鍛工以外の、自己にもっとよく適した職業をえらんだほうが収入がよいからである。この原理にしたがって、これこれの人はこれこれの職業をなすに適しないということを、まえもって、一般的推定にもとづいて規定することは、国家権力の濫用であろうとおもわれる。したがって、今日もしそのような推定が存在しているとしても、それはまったくのあやまりであることは周知の事実であり、またひろく承認せられているところである。そんなことがあろうともおもわれないが、万一このような推定が多数の実例にもとづいて存在する場合にも、そこには、かならずそれのあてはまらない少数の例外があるにちがいない。そしてこの例外の場合には、人々が自分のためまた他人のためにその才能を用いようとするのを阻止することは、個人にたいしては不正であり、社会にたいしては有害である。一方、自分がその仕事に事実不適当であるような場合には、人間の行為の普通の原則上、そのような不適当な試みをくわだて、あるいは続行することを、がいしておもい止まるであろう。

一四　もし以上にのべた社会学ないし経済学の原則が誤謬であるならば、もし各人は自己をしる人人の意見をきいても、なおかつ自己の能力と天職とについての判定者としては政府と法規に及ばないというのであれば、われわれは一日もはやくこのような原則をうちすてるべきである、そしてふたたび昔の規律と無能力との制度にたちかえるべきである。しかしながら、もしこの原則が真理であるとするならば、われわれはその信ずるところにしたがって進まなければならない。男に生まれないで女として生まれたからといって、それでその人の一生の地位を定めてはならないし、またそのことによって高い社会的地位につくのを禁止したり、あるいは少数の例外を除いて種々の高い職業に従事することを制止したりしてはならないのである。その点、白人に生まれないで黒人として生まれ、貴族に生まれないで平民として生まれた場合とまったく同じである。かりに百歩を譲って、現在男でなければできないとされている職業については、男の方がはるかに適しているということを認めるにしても、国会議員たるべき法的資格の制限については上述の議論があてはまる。すなわち、もし十二年にただの一人でも、被選挙資格の条件のために、適任者をいれないことがあるとすれば、それは大なる損失に相違ない。一方、それによって不適当な人をどんなに沢山除外しても、なんの得にもならない。というのは、選挙母体の組織が不適当な人をえらぶようにできていれば、不適当な人は幾人でもあるからである。がんらいあらゆる困難かつ重要なことにたいして有能な人は、どんなにその詮衡の範囲を制限しないようにしても、不足しがちである。それゆえ選挙の範囲の制限は、いたずらに無能の人をえる機会を多くするものであって、けっして社会にとって有能の人をえることにはならないのである。

一五　現代の文明諸国において、法律と制度とが人々を生まれによって区別し、その人が生涯ある仕事にたずさわってはならないと定めているのは、ただ一つの場合を除いては、女性の無能力の場合のみである。ここで一つの場合とは、王位である。王は、いまもなお、生まれながらにして君たるものであって、王族でないものは誰であっても王位に上ることができないのはもちろん、たとい王族であっても、世襲の王位継承の順位によるのでなければ王たることはできない。しかしこの場合をのぞけば、いっさいの権勢と社会的特権とは全男性にむかって開放されている。むろんそのなかには金銭によらなくてはえられないものも少くないが、富をえようとするのは誰にも自由であって、事実きわめていやしい生まれのもので、これをえたものも少くない。むろん多数のものにとっては、幸運にめぐまれなければ、この困難にうちかつことはなかなかむずかしいが、それにしても男と生まれた人間にたいして法律上の拘束があるわけではなく、また法律や世論が自然の障碍のうえに加えられる人為的障碍となっているわけでもない。王位は、まえにものべたように例外である、けれども、この場合においてはだれでもその例外であることを認めているのである――これは現代社会における変則であり、その慣習と原則とにたいするいちじるしい例外であり、きわめて特殊の便宜論によらなくては説明できないものである。その便宜についてどれほどの重要性を認めるか、それは個人により、国民によって異なるが、それにしてもそういうものがあることはうたがいない。しかし、高い社会的職務が、重要な理由のために、自由競争で定まらずに生まれによってあたえられるというこの例外的な場合においても、すべての自由民は、名目上はどうあろうと、実質上は原則を固守しようと種々工夫をこらしている。すなわち、彼等は、条件をもうけてこの高い職務を制限し、外観上その職務をつかさどる人にたいしてそれを実際には行使させないように公然と意図するのである。そして実際その職務をおこなうもの、すなわち責任ある国務大臣の地位は、競争によって定まるような仕組になっている、そして、成年に達した男性にたいして、法律は、この競争に加わることを禁止しない。それゆえ、女性がただ女として生まれたというだけの事実のためにこうむっている無能力こそは、近世の立法においていて、唯一つのこの種の実例である。人類の半数を包括する女性のこの実例を除いては、一切の高い社会的職務が、いかに努力しいかに境遇をかえようともうちかつことのできない、生まれという宿命のために、ある人々にたいして閉鎖されるというようなことはけっしてないのである。宗教にもとづく無能力すら（イギリスおよびヨーロッパ諸国においては、これも事実上ほとんど廃止されるにいたったが）、改宗さえすれば、いままで無資格であった人でも出世の道をさまたげられることはない。

一六　このようにして女性の社会的従属は、現代社会の諸制度中における孤立した現象であり、その根本原理にたいする唯一の違反である。他のあらゆる事柄においてははやくも打破された古い思想と慣習の世界のただ一つの残骸であって、それが、もっともひろい利害関係を有するこの一事に残っているのである。それはちょうど巨大なドルメン（古代民族の墓標）かオリンピヤのジュピターの広大な神殿が、セントポール寺院の境内に建てられて、日毎の礼拝のまととなっているのに似ている、そしてその周辺のキリスト教会は断食日や祭日をのぞくほかは訪う人もないようになっているのだ。一つの社会的事実とこれにともなうすべての社会的事実とのあいだにおけるこのような完全な相違、右の事実に似かよっているものをすべて一掃し去ったところの、現代社会の誇りたる進歩的運動と、右のような事実の性状とのあいだにみられる根本的な対立は、社会の風潮を良心的に観察しようとする人の、まじめに反省すべき問題である。この相違や対立は、従来の慣習や慣行がそれを弁護するのにどれほど有力であるとしても、それよりもはるかにつよい明確な論理を反対者に提出している。少くともこの問題をして、共和政か帝政かという問題と同じく、可否いずれともきめがたいものとするのに十分である。

一七　この問題は現存の事実や意見で、もう決まったものとすべきではない、正義と便宜との問題としてその理非について堂々と討議されなければならない。少くともそれ位のことはしなくてはならぬ。しかもこの問題は、人間社会のいかなる問題とも同じく、その傾向や結果にかんして識見のある評価をおこない、その結果、男女の別なく、人類一般にもっとも有利であるように決定されなければならない。またこの議論はその根柢までほりさげた真の議論たるべきであって、漠然とした一般的主張をもって満足していてはならない。たとえば、人類の経験は現在の制度を是認するものであるというような一般論はもっとも慎しむべきである。というのは、たんに男性の女性支配という制度にかんする経験をもって、男性の支配とそうでない場合とのいずれがよいか判断を下すことはできないからである。また両性の平等の原理はたんなる空理空論を基礎とするにすぎないというならば、それと反対の原理もまた空理空論にすぎないといえることを忘れてはならない。直接の経験がこの制度にあたえうる有利な証明は、ただ人類はこの制度のもとに生存することができた、また、現在われわれの有する程度の進歩と繁栄との段階に達しえたというだけのことにすぎない。他の制度のもとであったなら、その繁栄なるものがもっと早く、しかもより大きかったのではないか、その点については、経験はなにも語らないのである。しかし他方においては、経験はつぎのことを教えている、すなわち社会の進歩にともない、女性の社会的地位はつねに一歩一歩と高まってきたこと、また、そのため歴史家や哲学者は、女性の地位の高下をもって一時代の文明のもっとも確かな標準、ないしはもっとも正しい尺度とするにいたっていると。たしかに人類の歴史の進歩的な時代すべてを通じて、女性は男性と平等の地位に近づいてきた。むろんそれだけでは、同化は完全な平等にまで達するにちがいないということは証明できない。しかしこのことからでも、事実そうなりつつあるらしいことは疑えないのである。

一八　両性の天性が、現在の職務および地位に、彼等を適応させている、あるいはそれらを彼等に適当したものとする、という議論も、なんの役にたつものでもない。常識と人心の構造とにてらして考えてみても、両性の性質を知っている人、あるいは知ることができる人はないと私は考える、というのは、彼等は誰にしても、自分の現在の地位から他の性をながめるしかないからである。もし女のいない男ばかりの社会、または男のいない女だけの社会があったとしたら、そうでなくても、女性が男性に支配されない男女の社会があったとしたならば、そこでは、両性の各〻の性質に固有な精神上道徳上の相違がいくらかわかるかもしれない。現在女性の性質とよばれるものは、はなはだしく不自然なものであって、それは一方における無理強いされた抑圧と、他方における不自然な刺戟との結果であるといえよう。われわれは躊躇なく、支配者との関係によってその自然の性を完全にゆがめられている隷従階級は、女性の場合が一番だということができる。なるほど、被征服者や奴隷は、ある点では女性よりもずっと暴力的な圧制をうけたかもしれない、しかし、同時に彼等のうちの何ものかは、その鉄蹄のため蹂躙《じゅうりん》されないで、ふつうそのままに放任されていた、そしてこれに発達の自由があたえられると、それはその本来の法則にしたがって発展してきたのである。ところが女性の場合となると、その生来の能力のあるものは、支配者の利益と快楽とのために、つねに温室的な育成をほどこされてきた。こうして、全般にわたる生活力のなかの特殊な芽がゆたかに発芽して、それが熱した空気のなかで積極的な養育と灌水とによって非常な発達をとげるが、一方同じ根からでた他の新芽は戸外に放りだされて寒風にさらされ、ことさらにそのまわりに積み重ねられた氷のなかにおかれ、その発育はまったく阻止されて、ついにあるものは焼きすてられて消滅してしまう。そこで、分析をこのまない心のつねとして自己のなした仕事の認識ができないままに、男性は、なんとなく無精に、この木は自分が育てたように、自然に生育するものなのだとおもい、半分は蒸気風呂に、半分は雪の中におかなかったならば、それは枯れてしまったであろうと考えるのである。

一九　人生および社会にかんする思想の発達をさまたげ、それにかんする健全な意見の形成を阻止する障碍はいろいろあるが、そのうち、現在もっとも大きいものは、人間の性格をつくる影響力について、人々がお話にならないほど無知であり不注意であるということである。すなわち人類の一部分の人々の現状あるいは外観だけをみて、はやくもそれを自然的な傾向にもとづくものであると考える、そして、このことは、彼等のおかれている環境をほんのわずかでも知っていたならば、彼等がそうであることの原因がすぐわかるような場合でさえ、そう考えがちである。たとえば、地主にたいして小作料をひどく滞納している小作人が、あまり勤勉でないという事実から、それを理由に、アイルランド人は生来怠けものであるという人がいる。また、憲法はその施行のために任命された官吏がみんなで反対すれば、それを廃止しうるが、そのために、フランス人は自由な政治をおこなう能力をもたないとする人々がある。あるいはギリシャ人はトルコ人をだました、それにたいして、トルコ人はギリシャ人を掠奪しただけであった、ただそういうことから、トルコ人の方が天性真面目であるという人々がある。これと同じ論法をもって、女性は自分たちの身のまわりのことばかり気にして、政治などには関心をもたないから、女性は公益の問題には天性男性ほどに興味をもたないのだ、という人もすくなくない。しかし近来いちじるしく進歩した歴史はこれと反対のことを教えている。たとえば、人間の本性は外界の影響にたいしてするどい感受性をもち、その本性のあらわれのなかでもっとも普遍的で一様であると考えられているものにさえ、非常な可変性がみられるのである。しかし歴史においても、ちょうど旅行におけると同じように、人は、すでに自分の心のうちにもっているものだけしかみないのがふつうである。歴史を勉強するにあたって、あまり先入感をもちこまないごくわずかな人だけが、歴史から多くを学びうるのである。

三〇　それゆえ、両性のあいだの生来の相違はなんであるかというもっともむずかしい問題にかんしては——現在の社会状態においては、それについて完全正確な知識をえることは不可能であるが——一方においてほとんどすべての人がそれについて独断的な意見をもっているのであるが、他方、それを部分的ながらも洞察することのできる唯一の手段をおろそかにしたり軽んじたりしない人はないのである。この手段とは、心理学のもっとも重要な部面、すなわち、環境が人間の性格におよぼす影響にかんする法則の分析的研究である。というのは、男性と女性との知的および道徳的差異がいかに大きくいかに根絶しがたいものであるにしても、それが生れつきの相違であるとする証拠はみな消極的なものだからである。ただどうしても人為的でありえないもの——すなわち、教育あるいは外部の環境によって説明することのできる両性の特徴をすべて除いてそのあとに残るもの、それのみが、生来のものと考えうるであろう。それゆえ、道徳的理性的動物として考えて、両性のあいだになんらかの差異があるということだけでも、それを主張するのには、人間の性格をかたちづくる法則についての深遠な知識がなくてはならない。ましてその差異がいかなるものであるかを説明するには、とくにそうである。しかし、いまだかつてこのような知識を有するものはないのであるから（というのは、その重要性にもかかわらず、この問題ほど研究されていないものはない）、何人もこの問題にかんしてはどのような積極的意見ももつ資格がないのである。そこで今日のところなしうることは、せいぜい推測だけである。この推測が多少とも確かであるかどうかは、性格の形成に適用される心理学の法則にかんしてわれわれのもっている知識の多少によるのである。

三　両性がいかにして今日のような差異をもつにいたったかという問題はさておき、現在両性のあいだにはどのような差異があるかという初歩的な知識でさえ、いまなおきわめて不十分かつ不完全な状態にある有様である。医者や生理学者は両性の体格上の差異をあるていど確証しているのであって、それは心理学者にとっては重要な材料となる。けれども医者がただちに心理学者だというわけにはいかないから、女性の精神的特徴にかんする彼等の観察は普通人のみるところとほとんど変らない。それゆえこの問題にかんしては、それを真に知っている唯一の人々——すなわち女性自身——がほとんど証拠を提供しないし、またたといしても、それは大抵にせものであるために、決定的なことは何もいえないのである。むろん愚かな女性を知ることは簡単である。その愚鈍さは世界中どこへいってもたいてい同じようなものであって、愚かな人間の意見や感情は、その周囲の人々がもっているものから十分推断することができるのである。ところが、自分自身の意見と感情とがみずからの性質みずからの能力から発露する人々の場合には、そうはいかない。だから、自分の家庭内の女性についてすら、その性格をかなりの程度に知っている男性はめったにない。この場合、私は女性の能力についていっているのではない、能力の発揮される機会はほとんどなかったから、何人も、女性自身ですら、それを知らないのである。だから私は、女性がげんに有する思想と感情とについていっているのである。多くの男性は、自分こそは女性を完全に理解している、なぜならば、自分は二、三の女性と、いやもっと多くの女性と恋愛関係にあった経験があるから、という。もし、彼が立派な観察者であり、その経験が量と同様質にまでおよんでいるならば、彼は女性の性質のせまい一面についてはあるていど知りうるかもしれない――その重要な一部面については。しかしそれ以外のあらゆる部面については、彼は他の人と同様無知である。というのは、女性は、恋愛関係にある男性にたいしてはそれらの性質をきわめて用心深く隠すものであるから。そこで女性の性格を研究する場合、男性にとってもっとも都合のいい場合は、自分自身の妻を研究することである。というのは、こういうことは機会も多く、女性にたいして十分な同情をもってする場合もそれほど稀であるとはいえないからである。そして事実これこそは、この問題にかんして立派な知識をえることのできる唯一の源泉であると考えられる。しかし多くの男性がこのようにして女性を研究する機会はただの一回であった。したがってある男性の女性一般にかんする意見をきけば、その人の妻がどんな人であるかということがおかしいくらいよくわかるものである。このただ一つの場合を利用して、なにか結論をえるためには、まず女性が研究に値いする人物でなければならず、また男性が有能な裁判官たるべきはもちろん、非常に思いやりのある性格をもち、妻の性格にもよく適応しているために、共感的直観によって妻の心をよみ、また妻がその心をさらけだしても少しもはずかしくおもわないほどの人でなければならない。しかしこれは容易にはない結合だとおもう。なるほど外部のことにたいしては、両人が完全に感情をあわせ利害を一にすることはありえよう、しかしいったん内的生活にかんすることとなると、一方がふつうの知人間と同様他方の介入を許さない場合がしばしばあるのである。たとい、真の愛情があっても、一方に権力があり他方に隷従がある場合には、完全なる信頼はおこらない。なにもわざとかくしだてをしなくても、わざわざ見せないものが多い。父親と子供とのこれに似た関係においても、同様の現象がみられることは誰でも知っているにちがいない。父親と息子との間についてみれば、両方に真の愛情があるにもかかわらず、父親は息子の性格の一部分についてその親友同僚にはよく知られていることを全然知らなかったり、また疑ってみもしないことが多い。それというのは、目下のものが目上をうやまっているという関係そのものが、目上にたいして完全な誠実と率直さとをしめすのにきわめて不都合であるからである。すなわち、目上の人の意見や感情を害してはならないという心配が非常に強いものだから、どんな真直な人でも自分のもっともいい面だけを、あるいはいい面でなくても相手のもっとも好む面だけを示そうとする傾向が、しらずしらずでてくるのである。相互のあいだにおける完全な理解は、親しいというだけでなく相互に対等な人々のあいだでなければ存在しがたいものであることは、はっきりいえるであろう。親子の関係においてもこのとおりであるから、まして一方が他方の権力下にあるばかりでなく、一方の女性が夫の慰安と快楽のためにあらゆることを二の次にし、彼の気にいらないことは一切みせたり感じさせたりしないようにすることを義務として教えこまれている夫婦関係の場合には、まえにのべたようなことはますますもってよくあてはまるではないか。こういう数多くの困難が邪魔をするために、男性は、一般に研究の機会の十分あるただ一人の女性をすら、完全に理解しえないのである。さらに、われわれが一人の女性を理解することはかならずしも他の女性を理解することではないこと、またわれわれが一階級あるいは一国の多数の女性を研究することができたとしても、それによって他の階級、他の国の女性を推すことはできないということ、もしそれをなしたとしてもそれはただ歴史の一時代の女性を知ったにすぎないものであること、そう考えてくると、男性が女性についてもちうる知識は、女性の将来にまで及ばないことはもちろん、過去および現在の状態についてすらきわめて不完全かつ浅薄なものであって、女性がみずから語るべきすべてを語らないうちは、けっして完全な知識とはなりえないであろうことをここに確言しうる。

三　しかしまだ時は熟さない、それは徐々にしか来ないであろう。女性が文筆的教養を身につけるか、あるいは社会から許されて、なんらかの発表を公衆にむかってするようになったのは、ついこのあいだのことである。しかし女性の文壇における成功は、男性に負うことが多いので、いまだに女性は男性がきくのを好まないことをあえて語ろうとはしない。われわれは、習慣に反した意見あるいは風変りとされている感情の発表が、男性の著作家による場合でも、ごく最近まで一般にどのような態度でむかえられていたか、また現在なおどのように迎えられるかを、考えてみよう。そうすれば、習慣と世論とをもって彼女の最高の規律であると考えるように教育された女性が、その衷心からの叫びを本に書きあらわすことは、いかに大きい障碍をおかしてなされるものであるかが、かすかながらもわかるであろう。その国の文壇に顕著な地位をあたえられたほどの名著をのこしたかのもっとも偉大な女流作家でも、その大胆な著作の冒頭にモットーとして次の言葉をいれるのを必要と考えた。すなわち、「男性なれば世論を無視することもできますが、女性はそれに従わなければなりません」(註)と。女性が女について書くものは大部分男性にたいする追従にすぎない。それが未婚の女性であるならば、それは夫をえる機会を増そうとするためのものであることが多い。また既婚未婚をとわず多くの女性は、よほど乱暴な男ならばいざしらず、ふつうの男性は望みも喜びもしないような屈従を、度をこえてとくのである。このようなことは、最近にいたるまで行われていたが、現在ではそれほどではなくなって、文筆にたずさわる女性はようやく自由に語り、すすんでその真の感情をあらわすようになってきた。ただ不幸にして、とくにこの国においては、女性自体がきわめて不自然な産物であるために、女性の感情のうち、各自の観察と意識とから成るものはごくわずかであって、大部分はあとから習いおぼえたものの結合であるにすぎない。こういうことは次第に減少してゆくであろうが、社会制度が男性と同様女性にも自由な創意の発達を許すようにならないかぎり、この風が全然なくなることはむずかしいであろう。その時にいたってはじめて、われわれは、女性の本性について、あるいは現在よりも女性に適応するものがもっとたくさんあるのだということについて、十分に聞けるばかりでなく、真に理解することができるようになるであろう。

(註) Mme. de Staël, "Delphine" のとびらをみよ。

三　私は男性が女性の真性をただしく理解するのを妨げているかずかずの障碍についてあまりにも詳しく論じすぎたようである。というのも、「多勢の人の意見というものは大抵の場合意見がないのと同じである」opinio copiae inter maximas causas inopiae est という諺は、この場合にも当てはまるからだ、そしてこの問題が合理的に考えられることはほとんどないといってよいのに、他方人々は、大抵の人がそれについて全然しらないし、どんな人でも、たといすべての男性が集っても、女性がどの職業に適しどの職業に適さないかということについて法則を定めるだけの知識をもつことは現在不可能である問題にたいして、自分だけは完全に理解しているとうぬぼれているのである。しかしさいわいに、社会および実生活における女性の地位にかんしてなにか実践的なことを考えるためには、そのような知識は不要である。というのは、近代社会を通ずるすべての原則によれば、問題はひとえに女性自身にかかっている――それは、彼女自身の経験と彼女自身の能力の使用とによって決定されるべきものだからである。ある人または多数の人が何ができるか、それはその人にやらせてみるしかこれを知る方法はない――そして何をなすことがその人の幸福であるか、またその幸福のためには何をしないでおくのがいいか、他人がそれを発見する方法は、やはりその人にやらせてみる以外にはない。

一四　ただ一つわれわれが確信をもっていえることは――女性の本性に自由な活動を許したからといって、それだけでは、それに反することはけっしてやらせられるものではない、ということである。自然がその目的遂行にあたって失敗しないようにという心から、人間が自然にいろいろと干渉することはまったく余計なことである。女性に、性質上できないことを、わざわざ禁じる必要はまったくない。また女性ができることでも、その競争者たる男性ほどうまくできないことについては、競争さえあれば女性をしめだすことができる。まさか女性のために保護税や補助金を設けるように頼むものはいないだろう。ただ男性のために設けられているいまの保護税や補助金を撤廃してほしいというだけである。もし女性がほかのことよりもあることを天性好きだというならば、なにも法律や社会教育をもって大多数の女性をしてそのことをさせるようにきめる必要はない。女性の活動を要する方面は何であろうと、自由競争をさせれば、女性がその方面に向うことはあきらかである。このようにして、いまのべたことからもわかるように、彼等が一番適している方面が彼等をもっとも必要とする方面である。そしてその方面が女性にあてがわれることによって、両性の結合した能力が全面的に使用されて、非常に大きな価値のある結果を生ずるのである。

三五　男性一般の世論は、女性の天職は良妻賢母たるにあるということだとおもわれる。私は「おもわれる」といった。というのは、実際の行為をもととして考えてみると――すなわち現在の社会組織全体から判断すれば――男性の意見はこれと正反対であると考えられるからである。すなわち、彼等のいう女性の天職なるものは、けっきょく、女性の性質にもっとも矛盾したものであると、彼等自身考えているに相違ないからである。もし女性が自由にほかのことをしてもいいならば――他に生計をたてる手段があり、彼女の時間と能力とに適した職業が開放されていて、それが彼女に望ましくおもわれるならば――女性にとって自然であるとされている状態に安んじているものははなはだ少いということになるであろう。もしこれが一般の男性の真の意見であるならば、堂々とそれをいった方がよい。私は誰かが公然とこの教義を宣言するのをききたいと思っている（この問題にかんする著作のなかにはすでにこのことは相当ほのめかされているが）――こういえばよい、「女性が結婚して子供を生むことは社会にとって必要である。しかし強制されなければ彼等はそうしないから、やむをえず強制するのだ」と。こうなればことの功罪はあきらかである。それはまさにサウスカロライナやルイジアナの奴隷使用者の口吻《くちぶり》である。いわく、「綿と砂糖とは栽培する必要がある。白人はこれを生産することができない。ニグロはわれわれがいいと思う賃銀では働かない。それゆえかれらには強制が必要だ」と。これよりもっと適切な例は徴兵の制度である。国を守るためには水兵が絶対に必要である。しかし彼等が自発的に募集に応じないことがしばしばある。それゆえ彼等を強制する力が必要である、と。この論理は、いかにたびたび使われてきたことか。もしそれに一つの欠点がなかったならば、うたがいもなくこの制度は今日まで続いたことであろう。しかしこれはつぎのような逆襲を防ぐ力をもたない――まず、水兵にたいしてその労働に相当した価値を支払え。お前のところで働いても、他人のところで働いても、かわらないように待遇してやって見たまえ、お前のところも、よそ以上に苦労しないでも、彼等を集めることができると。この逆襲にたいしては、「いや、自分はそれはやらない」という以外に、論理的な返答はないのである。そして現在では、労働者からその賃銀を盗むことは人の恥じるところでありまた望むところでない、だから、徴兵制度ももはや主張できない。ところで、女性にたいしてあらゆる他の門戸をとざしておいて、その上で結婚を強制しようとする人々は、これと同じ逆襲をうけなければならない。もし彼等の真意をその言葉どおりにとれば、その意見はあきらかに次のようなものであるにちがいない、すなわち男性は結婚状態を女性にとって望ましいものとは考えていない、だから、それがいいからといって女性にすすめるわけにはゆかない、と。人がホブソン式の選択しか許さないで、「これ、しからざれば無」というようにいうときには、彼は、自分のあたえようとする恩恵はけっしてすばらしいものではないと考えている証拠だ。ここにこそ、女性が男性とおなじ自由をえることにたいして心から反感をいだく男性の感情を解く手がかりがあると、私は信じる。彼等の恐れるのは女性が結婚を好まなくなるであろうということではないと思う。実際そのような心配をしている人はないであろう。したがって、男性の恐れるのは、女性が男性と対等の地位にたって結婚をしたいと主張しはしないかということである、そしてまた、もし結婚というものが、女性に主人――しかも同時に彼女のすべての所有物の主人――をあたえるものであるとするならば、意気あり能力ある女性はみな結婚などしないで、自分にとってより尊くおもわれる仕事をやりたいと思いはしないか、ということである。まったく、結婚とは必然的にこのような結果をもたらすものであるならば、男性のこの杞憂は、立派な根拠をもっている。なにか抵抗しがたい衝動をうけて、その間はそれ以外のことには無頓着になってしまうというのならばともかく、結婚以外の能力もある女性が、世間並に相当な地位につく手段さえあるならば、なにも好んでそんな運命をえらぶはずがないという考えには私も賛成である。そして男性が結婚の法律は専制法たるべきであると決心するならば、彼等が女性にホブソン式の選択権のみをあたえておくことは政策的にはまったく正しいのである。しかしそのような場合には、近代世界において女性の精神にたいする束縛をゆるめるためになされたことはすべて間違いであったということになる。女性は文学的教養をさずけられるべきではなかった。本をよむ女性、ことにものを書く女性は、現代の制度にたいする矛盾であり、邪魔物である。女性に、妾または下女になるのに必要な教養以外のものをあたえたことが、そもそもの誤りであった。

第二章

一　われわれの観察がここまできたので、一つこの問題の特殊な方面をとりあげてそれを詳細に論じてみようとおもう。すなわち、わがイギリスおよび諸外国の法律が結婚にたいしてどういう条件をつけているかの問題を論じよう。結婚とは社会が女性にたいして定めた運命である、女子教育の目標である、男性の伴侶として選ばれるにはあまりにも御粗末な女性は別として、ふつうすべての女性はこの目的を追求すべきである。そこで、いかなる人でも、万事は女性にとってこの条件をできるだけよくするようにできているはずだと考えるであろう、したがって女性は他に採るべき道がないことを残念におもうわけはないと考えるであろう。しかし、社会はこの場合のみにかぎらないが、他の場合でもその当初は、その目的を達するために、公正な手段をとらないで不正手段をとった。ところが、この場合にかぎって、それがいまでも残っているのである。元来女性は暴力をもって掠奪され、あるいは彼女の父親からその夫たるべき人へ売られたものであった。ヨーロッパにおいても、最近にいたるまで、父親は娘の結婚にさいして、当人の意志にはおかまいなしに、自分の好き勝手に娘をかたづける権力をもっていたのである。なるほど教会はこれよりはるかに高い道徳律をもっていて、結婚式にさいしては新婦に形式的に「イエス」といわせたのであるが、この同意が強制のいみを有してはいなかったという証拠はどこにもない。そして父親が強いて結婚しろという場合、娘がそれを拒絶するということは、彼女が断固たる決心をもって修道誓願をたてて宗教の保護をうける場合のほかは、事実上不可能なことであった。その上いったん結婚してしまうと（ただしこれはキリスト教の行われない以前のことであるが）、夫はその妻にたいして生殺与奪の権をもった。彼女は夫を相手どって法に訴えることのできないのはもちろん、夫自身が彼女の裁判官であり法であった。久しいあいだ夫は妻を離縁することができたが、妻は夫にたいしてそれに相当する権力を行使することはできなかった。イギリスの古法によれば、夫は妻の「主人《ロード》」とよばれた。彼は文字どおり彼女の君主とみなされたから、妻が夫を殺した場合は叛逆罪とよばれ（これは「軽い」叛逆罪といって「重い」叛逆罪から区別された）、国王にたいする重い叛逆罪よりももっと残酷に復讐された。すなわち、その罪は火刑と定められていた。今日でこそこのような法外な法律はどれも廃れたが、（というのはそれらの大部分は形式的にはなかなか廃止されなかったし、あるいはそれが事実上行われなくなってからもずっと後まで残っていたので）、そのために、人々はいまや結婚契約はすべてが理想どおりになっていると考えている、そして、文明とキリスト教とが女性に正当な権利をとり戻してくれたと、われわれは教えられている。ところが妻はいぜんとして事実上夫の奴僕であり、その法律上の義務にかんしてもふつう奴隷とよばれているものとなんら変りはない。彼女は結婚の聖壇において彼に一生服従することを誓い、生涯をつうじてそれを守ることを法律によって命じられる。詭弁《きべん》家は、女性に服従の義務はあっても、夫が罪を犯す場合はそれに参加するにはおよばないというかもしれないが、その場合をのぞけば、この服従の義務はいかなる方面にも及ぶのである。妻は夫の許しがなければ、すくなくとも黙諾をえなければ、何事もなしえない。彼女は、夫のためにする場合のほかみずから財産をえることはできないのであって、財産が彼女のものになる瞬間、たとい相続による場合でも、それは事実上夫のものとなる。この点においてイギリスの普通法上の女性の地位は、諸外国の法律における奴隷のそれよりもさらに悪いということができよう。たとえばローマ法によると、奴隷はあるていど法律によって保証された私有財産を、自己の専用として所有することができたのであった。イギリスの上流階級においても、これに類似した便益を娘にあたえることがあるが、それは、法律にはよらず特別の契約により、化粧料などという。すなわち父親にとっては父子の情の方が同性の男にたいする階級的感情よりも強いので、彼は自分とは他人である女婿よりも自分の娘の方に味方するのがふつうだからである。また金持は財産契約書によって、娘にあたえる財産の全部または一部分を、その夫の絶対管理権の外におこうと工夫することが一般におこなわれている。しかし、彼等はその財産を娘にだけ使わせておこうという目的を達することはできず、せいぜい夫をしてその財産を浪費しないようにさせうるだけであるが、そのことは同時に正当の所有者がそれを使用するのを妨げることになってしまう。この場合、財産それ自体は夫婦いずれも自由にできないものとなり、それからえられる収入については、妻にとってもっとも有利な財産契約書の形式(「妻の専用」と称せられるもの)にしておいても、わずかに夫が妻にかわってそれを受取らないようにできるだけである。この収入は、なるほど、一度は妻の手をとおさなければならないであろうが、彼女がそれを受取ったとき、夫がすぐに力ずくでそれをとりあげたとしても、彼は罰せられもしないし、また賠償しなければならないということもない。以上がイギリスの法律の下において、もっとも勢力ある上流の人々が娘にたいしてその夫との関係においてあたえうる保護の最上であるが、世間一般の場合においては、このような財産契約は存しないのであって、妻のあらゆる権利も財産も、そしてすべての行動の自由も、完全に夫にとりあげられているのである。夫婦は「法律上一人」だといわれている。これは妻のものはすべて夫のものであると推断するためであるが、しかし夫のものはすべて妻のものであるという同様な推断はけっして行われない。この格言は男性の不利益な場合には適用されないのであって、ただ第三者にたいして夫は妻の行為に責任を負わなければならないということはあるけれども、その関係はちょうど主人がその奴隷や家畜の行為にたいして責任を負わなければならないのとまったく変らない。といっても、私はけっして妻の待遇は一般に奴隷の待遇と大差ないと主張するものではない、しかしながら、いかなる奴隷も妻ほどの程度における奴隷ではない、また妻ほど奴隷という言葉どおりの奴隷もない。いかなる奴隷といえども、主人の身辺に直接つきしたがっている者を除いては、四六時中寸分の絶間なく奴隷たるものではない。ふつう、彼は兵隊と同じく、定まった仕事をもっていて、それがすめば、あるいは非番のときは、あるていどまで自分の時間をもち、主人もめったに干渉しない家庭生活をも味わいえたのである。「アンクル・トム」が最初の主人をもったとき、自分の「小屋《ケビン》」にしりぞいて自身の生活を楽しんだ有様は、家を外にして仕事をする人が、彼の家庭でその生活を味わうのとなんら変りはなかった。ところが人の妻となったものはそうはいかない。ことに女の奴隷は（キリスト教国においては）、主人に貞操を犯されようとするときはこれを拒む権利があり、またそうする道徳的義務があると考えられていた。けれども妻はそうではない。どれほど残忍な暴君に鎖でつながれていようとも――たとい夫に嫌われていることを知っていても、あるいは、自分を虐待することが夫の日々の楽しみであるとしても、また夫を憎まずにはいられないと感じていても——妻は夫の思うままに人間としてもっともひどい堕落を強いられ、その意志に反して獣的機能の道具たらしめられるのである。このように妻は彼女個人にかんしては一番悪い種類の奴隷に比すべきものであるが、それでは、彼女とその主人が共同の利害関係をもっている子供にかんしての彼女の地位はどうであろうか。子供は法律上「彼の」子供である。父親のみが子供にたいして法律上の権利を有する。母親は彼から委任された場合のほかは、子供にたいして、あるいは子供にかんして何事もなすことができない。父親が死んだのちでさえも、その遺言に明示してなければ、子供の法律上の後見人にはなれないのである。父親は子供たちを母親からはなして、母親が子に逢ったり文通したりする手段を奪うことさえできた。もっともこの権力はのちになってタルフォード高級弁護士（一七九五―一八五四。イギリスの裁判官・著作家）の条令によってあるていど制限された。妻の法律上の状態は以上のごとくであり、この状態から彼女が逃れる手段はないのである。もし彼女が夫を棄てるならば、彼女は自分の子供はもちろん、当然彼女の所有物であるものも一切すてて家出するほかはない。その上夫が欲するならば、法律の力によってまたは腕ずくによって、妻をむりやり呼びもどすこともできるし、あるいは、彼女の稼いだものまたは彼女の親類が彼女にあたえたものを勝手に使用して平然としていることもできる。彼女がこの激怒した獄吏の監視のなかへ無理にひき戻されることなく別居するためには——あるいは、おそらく二十年来見たこともない夫がいつか自分につかみかかってすべてのものを奪いさりはしないかという恐れからのがれて、自分の稼いだものは自分の使用にあてることができるようになるためには、彼女は裁判所の判決をえて法にかなった別居をするよりほかはないのである。しかも最近までは、この別居の判決を裁判所からえるためには相当に費用がかかったので、事実上上流階級の人でないかぎりこれを試みることはできなかった。現在でもこの判決は夫による遺棄あるいは極端な虐待の場合でなければあたえられない。にもかかわらず、世間はこの判決があまりにも容易にあたえられることを非難してやまないのである。たしかに、女性は一生のあいだ一人の専制君主の身辺に仕えるべき運命しかもたないとしたら、しかも彼女をただあくせくとさせておかず心から愛してくれる人を偶然発見することにすべてがかかっているとしたならば、ただの一度しか自分の運命をためす機会があたえられないというのは、女性にとってはあまりにも残酷な負担ではなかろうか。このような事態の当然の成行と必然の結論は、彼女の一生のすべてが善い主人をえることにかかっているからには、それを見いだすまで彼女は何遍でも夫をとりかえてよい、ということになるであろう。私はけっしてこの種の特権が女性にあたえられるべきものであると主張するのではない。それはまったく別の問題である。再婚の自由をもふくめた意味での離婚の問題は、いま私の立論外にある。ただここで私のいおうとすることは、隷属以外何も許されていない人々にたいしては、せめて誰に隷属するかについて、選択の自由をあたえておくことは、十分ではないにしても、唯一の緩和策だということである。それさえ許されないとあっては、妻は奴隷も同様なもの——奴隷といっても相当ひどい奴隷制の下におけるそれとなるであろう。というのは、奴隷の法典でさえ、そのあるものは、主人があまりに虐使する場合には、法律上正当に主人にせまって自分を他に売らせることができると定めているからである。ところがイギリスにおいては、いかに妻が夫に虐使されても、そのうえに姦通が加わらなければ、妻は虐待者から解放されないのである。

二　私はこのんで誇張するものでもなく、また事態は誇張を必要としない。私はいままで妻の法律上の地位について述べてきたが、その事実上の待遇についてはまだ説明しなかった。大抵の国の法律は、それを実践している国民よりもはるかに悪いものである。そしてその多くが法律として存続しているのは、それが絶無といっていいほど実地におこなわれてはいないからである。もしも結婚生活というものが、法律だけをみて想像されるようなものであるならば、この世はさながら地上の地獄となるであろう。しあわせなことには、大抵の男性には圧制的になろうとする衝動や傾向をしりぞけ、あるいはそれを大いに和らげる愛情もあれば利害関係もあるのである。そしてこれらの愛情のうちでも男性とその妻を結びつけるきずなは、尋常の状態においては、くらべるもののないほどに強い。このきずなにもっとも近い唯一のそれは夫と子供との関係であるが、これもまた、例外の場合を除いては、つねに夫婦のきずなを強めこそすれそれと衝突するものではない。この事実があやまりでないこと、また男性も法律上あたえられている圧制の権利をおもうままに行使して女性を虐待し、女性もそれがために非常に苦しむということはないこと、そういう事実があるため、現行の制度の擁護論者は考える、この制度には罪過は存しない、それについてとやかくいうことは、すべての良制度に必然に伴うところの悪をむやみに攻撃することにすぎないのだ、と。しかし一方においてこれらの暴虐の制度を法律上十分に維持しておき、他方実行上それを緩和したとしても、それで専制主義は弁護できない、それは、人間の性質はこれら最悪の制度にたいしてどれだけの反抗力をもっているかを立証するに役立つだけである、そしてまた人間の性格における善悪の萌芽がどれだけの生命力をもってひろまり繁殖してゆくものであるかをも、立証するのに役立つだけであろう。そもそも政治上の専制主義にいっさい弁護の余地がないように、家庭内における専制主義もまた弁護されるべきものではない。専制の君主といえども、宮殿の窓辺にあって責めさいなまれる臣下のうめきをきいて喜び、あるいは、臣下の私財をことごとくとりあげてかれらを路頭に迷わせて平然としてはいない。ルイ十六世の専制は、フィリップ・ル・ベル（十三世紀末のフランス王）や、ナーダ・シャー（一七三六年からペルシア王。一七四七年に暗殺された。）や、カリグラ（西暦三七年から四一年までのローマ皇帝、暴虐をもってきこえた。）の専制のようなものではなかった。しかも、フランス革命はやはり正当であり、革命の恐怖もやむをえなかったのである。もしも妻と夫とのあいだにはそこしれぬ愛情があるというならば、内働きの奴隷についてもまったく同じことがいえる。ギリシャ・ローマの奴隷は、主人を裏切るくらいならばむしろ責めさいなまれて死んだほうがましだと考えていた例が多い。ローマの内乱時における公敵宣言にさいして、その子弟には二心をもったものが非常に多かったが、妻と奴隷とは雄々しいほど主人に忠実であったと記されている。とはいえ、このためにローマ人が奴隷を残酷にとりあつかったという事実を消すことはできない。まことにこのような強烈な個人的感情は、最悪の制度のもとにおいてこそかえってこれほどの高潮に達しうるものなのである。人間性の感じうるもっとも強い献身的な感謝の情は、その人の全生命をも奪いうるほどの権力をもちながらその権力を自発的には行使しないような人にたいしてこそ捧げられるということは、人生の皮肉ともいえるであろう。このような感情が宗教的信仰においてさえいかに人々の心を占めているかをせんさくするのは、残酷というものである。われわれは、多くの人人が神にささげる感謝の情は、神は、他人にたいしては彼等自身にたいしてほどめぐみ深くあられないと考えることからおこるものである、という事実をつねにみる。

三　奴隷制度であれ、政治上の専制制度であれ、あるいは家父長制であれ、それを擁護するものは、つねにその最良の例を示して、それからその制度を判断するように仕向ける。彼等は、一方においては情愛のこもった権力行使、他方においては忠実な服従の例をわれわれに示す――たとえば隷民の最大の幸福のために最善をつくす智者、それをとりまく隷民の微笑と感謝。こういう例は、世に善人などいないと主張するものにたいしてはまことに適切であるといえよう。善人が専制政治をおこなえば、大なる善、大なる幸福、大なる愛情が実現することを誰がうたがおうか。けれども法律や制度は、善人にたいしてではなく悪人にたいして適用せられるべきものである。結婚はけっして少数の選りぬきの人のためにこしらえられた制度ではない。また男性は結婚式にさきだって、絶対的権力を行使するにたる人物であるという証明書を提出する必要があるわけでもない。妻子にたいする恩愛のきずなは、社会的感情一般にあつい人にも、また他の社会的きずなにあまり関心のない人々にも、一様にきわめて強いものである。しかし人には、善から悪までのあらゆる段階があるように、この社会的なきずなにたいしても、人々の関心の厚薄がおのずとみられるのであって、下をみればいかなるきずなにも拘束されない人がある、そういう人には社会はその最後の手段、すなわち法律上の刑罰をもってのぞむよりほか方法がない。この上から下までどの段階にいる男性でも、夫としての法律上の権利は一様にあたえられている。極悪非道の悪人も、自分にしばりつけられているあわれな妻はもっている、彼は、彼女を殺しさえしなければどんな残酷なことをしてもいい、そして相当の注意を怠らなければ彼女を殺しても法律上の刑罰をうける危険はない。他の方面で攻勢にでれば反撃をうけるためにそういう点では法律的にいって悪人となるまでのことはしないが、その不幸な妻にたいしてはつねに過度の暴力行為をくりかえしているもののなんと多いことであろうか。そのあわれな妻のみが、すくなくとも大人のなかでは彼女ただ一人が、夫の蛮行に抵抗することも逃げかくれすることもできないのである。また、妻は自分にたいして過度に依存しているという考えは、彼等のいやしい野蛮性を挑発する、彼等は寛容の徳を忘れ、彼等の親切心如何によって一生の運命がきまるような人にたいしては立派にふるまわなければならないという面子をも考えない。それどころか、これと反対に次のように解釈する、すなわち、自分のすきなように使ってよい私有物として法律が彼女をあたえたのだと。だから、他人にたいしては思いやりが必要だけれども、彼女にはその必要は全然ないと。最近にいたるまで、法律は、このように言語道断な家庭内の圧制を罰せずに放置しておいた、けれども、ここ二、三年、わずかながらもこれを抑圧するようになった。しかしその成果はほとんどみられず、われわれもまたそれに多くを期待することはできない。というのは、犠牲者を死刑執行人の手にまかしておきながら、しかもその残忍な行為を実際に制御しようなどと考えることは、理論上からいっても経験上からいっても無理だからである。夫が暴行の罪をおかしたと妻が認めた場合、あるいはすくなくとも最初に確認したのち夫がそれを何度もくりかえした場合には、まさにその事実によって妻に離婚または法律上の別居をなす資格があたえられるのでなければ、法律上の処罰によってこれらの「ひどい暴行」を制圧しようというような企ては挫折するしかない、なぜならば、そのような事件には、起訴人もないし、証人もないからである。

四　いずれの国においても、獣と大してちがわない人間が非常に多いと考えられるが、結婚にかんする法律により、彼等もまた餌食を手にいれることは妨げられていない、もしそうだとすれば、この制度の濫用によって、このような形でおこる人類の不幸はどれほど大きくどれほど深いか、おもえば慄然《りつぜん》たるものがある。むろんこれらは極端な例であろう。これらは奈落のどん底ではある、しかしそれに達するまでにはいろいろの深さの事実が悲しく連続しているのである。政治上の専制とおなじく家庭内の専制においても、こういう専制の怪物の事例はこの制度の特色を説明する、すなわち、専制君主の思召次第では、かかる制度の下においてはどのような恐怖でも起りうるということを示し、猛悪の度はさほどでないかもしれないが、そういう恐ろしいことは非常にたびたびおこりうるということを、明らかにする。天使がめったにいないと同様、心底からの悪魔もそう多くはない。いな、より稀であろう、けれども、時たま人間味を発揮する獰猛《どうもう》な野蛮人はなかなか多いのである。こういう人々と人類のなかでも代表的な立派な人物とのへだたりは大きく、そこにいかに多くの動物性や利己主義の形態と段階とがあることか。そして彼等はしばしば文明の、時としては教養の外被さえかぶって、法律を守って平和に生活しながら、自分たちの権力のおよばない人々にたいしては信用のおける態度を持しながら、しかも自分たちの権力下にある者にたいしてはその生活を苦痛とも重荷とも感じさせるようなことまでをしばしばするのである。普通の男性は権力に適さないということは、数世紀にわたる政治上の論争によって、だれでもよく知っていることである、この誰でも知っていることを繰りかえしていうのはあきあきするであろう。けれどもそうはいかない、というのは、この場合こそは、権力が二、三の男性の手中にではなく、すべての成年男子に、それももっとも下等で、残忍なものにまであたえられている場合であること、だから他のすべての場合にもまして、この格言が適用されなければならないということを気づく人がすくないからである。男性が拘束のない家庭内でどんなことをやっているか、それを推測しうるのは、なにも彼が「十誡」の一を破ったことがないと世間から思われているからではない、また彼が無理に交際を強いることのできないような人にたいしては、その態度が非常にていねいであるとか、あるいは彼にたいして我慢強くする必要のない人にむかっては、はげしい怒りの発作をおこさなかったとか、そういうことからではない。もっとも普通の人間であっても、自分にたいしてなんら対抗力をもたない人々にたいしては、乱暴な、不機嫌な、むきだしの我儘な性格の面をあらわに示すものである。優者と服従者との関係は、人間のこういう悪徳の温床であり、こういう悪徳があるかぎり、それはこの源から流れ出すのである。同輩にたいして気むずかしく乱暴な者は、かならずや、自分と一緒に住んでいる目下の者をおどかしたり困らせたりして屈服させている人なのだ。よくいわれるように、家庭というものが、その最上の形においては同情や親切や愛にみちた自己犠牲などの養成所であるとしても、その主人にとっては、ここは、我儘、傲慢、無制限で自己本位な放縦、そしてまったくの理想化された利己主義の学校である場合のほうが多い、そして犠牲それ自身は、むしろ例外の一形式である。すなわち、妻子にたいする配慮はあっても、それはたんに自分自身の利益と従属物の一部としての妻子にたいするものにすぎない、そして、妻子の個人的な幸福は、夫の些細な好みのためにあらゆる形において犠牲に供されているのである。こういう形で現在おこなわれているこの制度の下にあっては、どうしてそれが改善されるであろうか。われわれは人間の性質における悪傾向も、それをほしいままにすることを許さなければ、一定の範囲にかぎることができることを知っている。また、わざとではなく、ただ衝動と習慣とからにしろ、たいていの人間は、その下にある者をどこまでも圧迫して、ついには彼等が反抗せずにはいられなくなるようなことまでするものであることも知っている。これが人間性の一般傾向であるから、現在の社会制度が男性にたいして、少くとも一人の人間――彼が一緒に住み、つねに彼の側を離れない人間――の上に行使することを許したほとんど無限の力は、彼の性質の片隅にひそんでいる我儘の萌芽をさがしだしてそれを成長させ――まさに消えようとする火花と、まだくすぶっている余燼とをあおり――他との関係においては、彼は、その本来の性質中にあるこのような点は抑制し隠蔽しなければならないと感じ、それの抑圧がついには第二の天性となっているのであるが、この場合には、それらを無制限に発揮させることを許すという結果になるのである。むろんこの問題には他の一面があることは私も認める。すなわち、妻は十分な抵抗ができないにしても、少くとも仕返しはできるであろう。また、彼女は夫の生活を非常に不愉快なものにすることができるし、また、その力を用いれば、彼女の権内にあることまたは権内にないことについて、我意をとおすことができるであろう。しかしこの自衛の手段――これをがみがみ女の力とか、意地悪な制裁とかいってもよいだろうが――それには致命的な欠点がある。すなわちこの手段が使われるのは、いちばん圧制的でない夫にたいしてである、しかもいちばん悪い妻に有利であるということである。いいかえれば、これは短気でわがままな女の武器である、これをあたえればこれをもっとも悪用し、またこれをよくない目的につかう人々の武器である。温順な女性はこのような武器は使えない、気高い女性はこれを使うことを恥とする、そして他方では、この武器がもっともよくきく夫といえば、それは比較的温和で悪気のない男性である、いかに怒らせようとしても、めったに権力を乱暴に行使することのない人間である。このように妻がぷりぷりする権力は、ようするに暴をもって暴にむくいる制度であって、これにより彼女にかわって主として犠牲に供せられるのは、もっとも暴虐でない夫である。

五　それでは、この権力にもとづく悪効果を和らげ、これを現にわれわれがみている諸〻の善と両立させるものは何であろうか。たんなる女性の嬌態は、個々の場合には大きな効果をもつものであるが、右にのべた境遇の一般的傾向を和らげるにはあまり効果をもたない。というのは、そういう女性の力は女が若く美しいあいだだけしか続かない、いな、往々にしてそれは彼女の魅力が新鮮なあいだ、鼻につかないあいだだけである。また多数の男性にとっては、そんな嬌態は、つねに大した力をもちえないものである。そこで真の緩和剤とは、まず相互間の愛情である、これは夫の性質がそれに敏感であり、妻の性格も夫にたいしてそれをよびおこすだけ気心のあったものであるかぎり、時をへて生れでてくるものである。つぎには子供にたいする共通の利害、第三者にたいする（それには非常な制限があるが）彼等二人の利害の一致、夫の日々の慰めと楽しみとにたいする妻の真に重要な役割、その結果として夫が自分の利益にもとづいて妻にあたえる評価、これは思いやりのある男性においては漸次妻のために妻を愛するということの基礎となる。以上のほか緩和剤の最後としてあげるべきものは、身近に生活している人々から（それがきわめて嫌な人でないかぎり）すべての人間が自然にうけるところの感化力である、彼女等はあるいは直接の歎願により、あるいはその感情や性向による無言の感染によって、ぜんぜん法外で道理をわきまえない夫の行為をもあるていど制御しうるようになる。もっとも彼女と同じぐらいの感化力ある人がそれをさまたげれば別である。しかしこのように種々の方法を使うと、しばしば妻の夫にたいする権力があまりにも強すぎることがおこる。たとえば、夫の行為に干渉してそれをよい方向へむけさせる資格がない場合にも、彼女は夫の行為に干渉することができる――彼女の干渉があまり賢明でないばかりか、道徳的に誤っている場合もあり、また夫のするままに捨てておいたほうがよい場合もある。だが、国家におけると同様家庭においても、権力は、失われた自由の代償にはならない。妻が権力をもてばしばしば越権行為をすることにもなるが、そうだからといって彼女が自分の権利を主張できるようになるわけではない。サルタンのお気にいりの奴隷は、手下にたくさんの奴隷をもって、おもうままに圧制を加えたけれども、彼女にとっては、奴隷はもたないでも自分も奴隷でないほうが望ましいことであったろう。夫のなかに自身の存在をぜんぜん没してしまい、夫婦に共通の関係ありと思われる事柄については夫の意志以外にはなんらの意志をもたず（あるいはもたないと夫に思いこませて）、ひたすら夫の機嫌をとりむすぶことを一生の仕事と考えていながら、妻は、ときには、みずから判断する能力のない夫の外部関係における行為に干渉したり妨害したりすることに満足を覚えるであろう、そしてそういう場合、彼女は誰かの個人的な偏見によって左右されがちである。したがって現今の状態のもとにおいては、妻にたいして親切な人ほど、家庭の外までひろがるような利害関係にかんしては、妻の影響をうけることが多く、それによりよくも悪くもなる。妻は家庭の範囲外のことに関係してはいけないと教えられているので、それらのことについて彼女は公正で良心的な意見はほとんどもたない、そのために彼女のする干渉はなんらか正当な目的のためではなくて、たいてい私心に動かされた目的のためである。彼女は政治問題においてどちら側が正しいか知りもしないし構おうともしない。が、彼女は知っている、何をしたらお金になるか、御馳走になれるか、夫に肩書があたえられるか、息子に地位がえられるか、娘にいい嫁入口があるか。

六　しかしこういえば次の質問がおこるであろう。社会は政府なしに存在しうるか、家庭においても国家におけるのと同様にだれかが最高の支配者とならなければならないではないか、もし夫婦の意見がことなるときは、だれがきめるのだろう、両人が思いおもいの道をすすみえない以上、いずれの道をとるべきかが決められなければならないではないか、と。

七　二人の人が集って任意に結合をつくる場合に、その一人が絶対の主権者でなければならぬということはない。ましてどちらのものがそれになるかを、法律が定めなければならないことはない。結婚についで、任意の結合としてよく見受ける例は、商業上の合名会社であるが、どの合名会社においても、一人の社員がその商会の全権を有し、他の社員は彼の命令に服従しなければならないということを、法律で制定しなければならぬという理由もないし、その必要も考えられない。書記あるいは代理人としての権限と特権だけをもらい、あとは社長の責任のもとに服従するという条件で合名会社に入るような人はどこにもいない。もし法律が結婚の契約と同じように他の諸契約をとり扱うならば、一人の社員が、共同の事業を、あたかもそれが自分の個人的な仕事であるかのごとくに処理すべきであると定めなければならない、また他の社員は委任された権限だけにかぎられるとなすべきである、そしてこの一人の社員を規定する場合にも、何か法律上の一般的推定によって、たとえば最年長者がなるというように明示すべきであろう。しかし法律はむろんそんな規定を設けてはいないし、また従来の経験にてらしても、社員相互間にそんな理窟ばった権力上の不平等をしつらえたり、あるいは定款で定めたこと以外の規定をおいたりする必要はない。しかもこの合名会社の場合には、結婚の場合とちがって、弱者たる社員の権利と利益とに独占的な権力をあたえてもその危険は少い、というのはその社員は脱退することによって自由にその権力を放棄しうるからである。妻にはそのような権力はない。またたといあっても、そんな権力に訴えるよりは、他のあらゆる手段を講じるのがもっとも望ましいのである。

へ　事柄の性質によっては、その日のうちに決めなければならず、漸次に調整したり、しばらくまってのち妥協したりすることのできないものがある。このような事柄については、ぜひとも一人の意志によって定めなくてはならぬ、すなわち一人の人のみが、その決定権をもつべきである。しかしそれかといって、同一の人がかならずそれをやらなくてはならぬということにはならない。二人のあいだで権力を二分して、その各〻が自分の受持部門の実行において絶対権を有し、この制度や原則を変更するばあいには、双方の同意を要するというのが、自然なやりかたである。この場合においても、権力の分配は個人の能力と適性とによるべきものであるから、それを法律によっては定めえないし、また、定めるべきでもない。もし双方が望むならば、金銭上の取きめと同様、結婚契約をするとき、まえもってそういう取きめをしておくのも一つの方法である。それが不幸な結婚であって、このことにかぎらず一切万事が喧嘩口論の種になるようなものであるならばとにかく、そうでなければ、そのようなことを双方の同意によってとりきめるのは、それほど困難なことではないであろう。権利の分配は当然義務と職務との分配を意味する。そしてこれはすでに双方の同意によってなされていることである、少くとも、法律ではなく一般の慣習によって、当事者の希望のままに変更され、かつ変更されうるところの一般の慣習によって、すでになされていることである。

九　どちらに法律上の権力があたえられるとしても、事件を本当にかつ実際的に決定するものは、現在すでにそうであるように、将来も、比較的それに資格あるものとするほかはあるまい。男が女より年上であれば、それだけの事実により、大抵男性に優越があたえられる。少くとも、年齢の相違が大した意味をもたなくなるような年に双方が達するまでは。また生活費をもつ方が（それが男女いずれであっても）より有力な発言権をえるのも当然であろう。この原因からする不平等は、結婚の法律によるのではない、現在そのように構成されている人間社会の一般的な状態によるのである。一般的あるいは特殊な知的優越性の力、性格上優越せる決断力が、何事にも有力である。それはわれわれの日常つねにみるところである。これによっても、夫婦一生の合名会社において、彼等の権力と責任とは（事業上の合名会社員のそれのように）相互協定によって満足がゆくように分配されることがないという説は、なんら根拠のないものであることがわかるであろう。それどころか、結婚したことが失敗である場合を除いては、夫婦間の権力と責任とは大いに分担されているのである。その結合が根本的に誤っていて、それを破壊するほうが双方の幸福であるような場合はともかく、それを除いては、一方が純然たる権力をもち、他方がそれに屈服するというような結果は、けっして出てこないものである。しかし、不和が円満に解決されるのは、背後に法律の強制力がひそんでいるからだ、それは、裁判所が強制権をもって背後に控えているから仲裁に屈するというのと同じだ、と主張する人があるかもしれない。だが、この二つの場合が等しいというためには、裁判所は訴訟の事由を審問しないで、つねに同じ側、たとえば被告にたいして有利な判決を下す規定であるという仮定をしなければならない。もしそうならば、原告としては、その判決に従うくらいならどんなひどい仲裁にも応じようとするであろうが、被告にとってはそれはまさに反対である。この場合、法律が夫に専制力をあたえているから、妻はいかなる妥協にも同意する、というのは、その妥協によって、事実上妻は権力を半分手に入れるからである。しかしそれでは夫の方から妥協はしないことになる。理窟のわかる人々のあいだでは、たといそのうちの一人に身体的あるいは道徳的必要がない場合でも、事実上の妥協をすることが多い、これは、不幸な結婚の場合は別として、二人の結合した生活を双方とも辛抱のできるように自発的に調整してゆくという自然の動機が、全体としてあるものであることを示している。それゆえ、自由統治という上部建築は、一方における専制、他方における屈従といった法的基礎の上に建てられるべきであると、法律の命令として規定しても、事態はすこしも改善されない、あるいは、専制君主のおこなう譲歩は、すべて警告もなく、彼の欲するままに撤回されうると規定しても、これまた何の役にもたたない。そのような不安定な条件で保たれねばならぬ自由などには大した価値はない、法律が一方の秤皿にそれほど大きな重みを加える場合には、自由の諸条件はもっとも公平なものとはなるよしもないのである。すなわち、一方はどんなことをしてもよいと宣告され、他方は、一方の機嫌のいい場合のほかはどんなこともしてはならないとされ、そのうえ、どんなに圧制を加えられようとも反抗してはならぬと非常に強い道徳上宗教上の義務を負わされていて、それで、二人の間の調和ができるというのでは、それはけっして公平なものとはなりえないのである。

10　頑固な反対者はさらに極端に走っていうであろう。夫はつねに理性的な人間たらんとするものである、また強制されなくてもその配偶者にたいして譲歩すべきところは譲歩するものだ、しかし妻はそうではない。妻は一度権利を渡されればだんじて他人のために譲ろうとはしない、彼女は、男性としての権力をもって無理に屈服させなければ、けっして何事にも屈服しないであろう、と。何十年か前に女性を諷刺することがはやったころ、よくそういわれた。すなわち、当時男達は、女性は自分達が仕込んだとおりのことをするといって嘲笑した、そしてそれがいかにもすっきりしたことであると思っていた。しかし現在では、相手にするに足るほどの人ならば、こんなことはいわないであろう。女性は男性にくらべてやさしい感情に乏しいとか、自分に強いきずなで結ばれている人々にたいする思いやりが少いとかいうことは、現在に通用する教義ではない。これと反対に、われわれがしじゅう聞くことは、女性を男性と同じ立派な人間として取扱うことに全然反対の人々が、女性は男性よりもすぐれていると云うことである。だからこの言草は、無礼のうえにお世辞のよいお面をとりつけようとする空念仏の一片にすぎない。そしてそれは、ガリバーの話にでてくる小人国の王様が、あの惨酷な命令の冒頭につねにかいたという、王者の寛仁を讃美する言葉によく似ている。もし女性が、男性よりすぐれている点があるとするならば、それは家庭の人々にたいして一身を犠牲にするという点である。しかし、女性は生れつき自己犠牲的であって、そのために創られたものであると世の女性が教えこまれているとき、この点にあまり重きをおくのはどうかと思う。男女両性に平等に権利があたえられるならば、現在の女性の人為的な理想たる度外れた自己没却は減じるであろう、そして立派な女性は最良の男性以上には自己犠牲的でなくなるであろうことを、私はかたく信じる。他方男性も、男性の意志はそのままもう一人の理性的存在たる女性の法律となるほど偉大なものであるからそれを崇拝せよと教えられることもなくなるであろう、その結果、いまよりはずっと我儘でなくなり、自己犠牲的になるであろう。世の中にこの自己崇拝ほど男性にとって習いやすいものはないのであって、すべての特権ある人間、すべての特権ある階級がこれを有してきたのである。それは、われわれが人間としての段階を下れば下るほど強くなってゆく。そしてかのあわれむべき妻と子供を除いては、何人にたいしても頭の上らない、そして将来も上る見込みのない人々において、その極点に達する。しかも光栄ある例外は、この弱点については、人間のどの弱点におけるよりすくないのである。およそ哲学も宗教も、これを制御するどころかかえってこれを弁護するために買収されている。これを抑制するものはキリスト教の教義たる人類平等という実践的な感情だけなのであるが、不幸にしてキリスト教もけっしてそうは教えない。というのは、キリスト教は、一人の人間が他の人間に理由なく優越するということに基礎をおいた制度を是認しているからである。

二 うたがいもなく世の中には男女平等では満足のいかない女性がある。あたかもそのような男性があるように。こういう女性は、自分以外の意志や希望が尊重されているかぎりじっとしてはいられない。そのような人間は離婚法の好個の題目である。そういう女は独身生活に適しているのであって、誰かが彼女と生涯を共にせねばならぬということはない。しかし法律の規定によって従属しなければならぬとなれば、それは女性の間にそういう人達を少くしないで、多くするおそれがある。男性がもし全力をつくせば、そのような女性はむろんおし潰されてしまうけれども、彼女が寛容にとりあつかわれて権力をにぎることが許されるとなると、彼女の蚕食は無制限になる。法律は女性の権利を正確に定めず、ただ理論上なんの権利も認めていないのであるが、事実上は、彼女の権利の大いさは、彼女の努力によって得るところのすべてであると宣言したと同じである。

三 結婚した男女が法の前に平等であるということは、この特殊な関係が双方にとって正義と矛盾せず、かつ双方の幸福ともなりうるための唯一の形式であるばかりではなく、これこそ人類の日々の生活をもっとも高遠な意味における道徳的教養の学校たらしめる唯一の手段でもある。この真理が感得され一般に認められるのは、なお何代かのちのことになるであろうが、純粋な道徳的情操を養う唯一の学校が、対等な人間の社会であることには誤りはない。人類の道徳教育は、従来主として力の法則に基礎をおいてきたのであって、もっぱら力が創造する関係だけに適用されているのである。発展段階の低い社会においては、対等な人間関係はほとんど認められていない。対等であるということは敵だということである。社会は、一番高いところから一番低いところにいたるまで、一つの長い鎖をなす、いやそれはむしろ梯子である、そこでは各人はもっとも近い隣人の上かさもなければ下に位するのであり、彼が命令しない場合には、彼はつねに服従していなければならない。したがってその社会におこなわれる道徳は、主として命令服従の関係に適したものである。しかし命令服従は人間生活の不幸な必要事にすぎないのであって、平等の社会こそその本来の状態というべきである。すでに近代の生活においては、その進歩発達の程度におうじて、命令服従は人生の例外的事実となり、対等者の結合がその一般的原則となっている。すなわち、原始時代の道徳は権力に服従すべき義務に基礎をおき、これにつづく時代の道徳は、強者の寛容と保護とにたいする弱者の権利に基礎をおくものであった。社会と人生の一つの形式が、前時代の道徳をもって何時まで満足すべきであろうか。われわれが過去においてもってきたのは服従の徳であり、騎士道と寛大の徳であった。しかし今こそは正義の徳をもつべき時となった。過去において、平等の社会が目標となったときは、「正義」が、いつでも徳の基礎としての要求を主張してきた。古代の自由共和国においても同様であった。しかしそのもっとも立派な国においてさえ、対等な者は自由市民たる男性にかぎられていて、奴隷、女性、公民権をもたない住民は、力の法則のもとにおかれていた。ローマの文明とキリスト教との影響はあいまってこれらの区別を抹殺し、人間の要求は、それ自体として、性、階級、社会的地位にもとづく要求を超越するものであることを、理論上(事実上なされたのはわずかであった)明らかにした。しかし除かれつつあった障壁は、北方人の征服によってふたたび高められた。以来、近世の歴史はすべて、それらの障壁が徐々に消滅してゆく過程である。いまやわれわれは正義がふたたび第一の徳となるべき社会秩序のもとにはいりつつある。それは依然として平等を基調としているが、いまでは共感にねざす結合をもその基調としているのである、そしてその根源は、もはや平等者の有する自己防衛の本能にではなく、彼等相互の教養ある共感に根ざすものである。そして平等の物差は、誰一人をも除外することなく、すべての者に及ばなければならない。人類がそれ自身の変化をはっきりと予見せず、その感情を過去に執着させ、来るべき時代に適応させないのは、何の目新しいことでもない。人類の将来を知ることは、つねに知的選士か、あるいはその教えを受けた人々の特権であった、しかもその将来の感情を体得することにいたっては、さらに数少い選士の栄誉であり、通常その殉教によってなされたのである。あらゆる制度、書籍、教育、社会は、新しい時代が来ても、旧時代のために人々の訓練を続ける、いわんや新時代がまさに来ようとしているときには、なおさらである。しかし人の真の徳とは、対等の人間として共に住む適合性をいうのである。すなわち、他人に惜し気なくあたえうる以上のものを自ら要求することをせず、いかなる種類の命令権も、それを必要とするのは例外の場合であり、大抵は一時的な便宜にすぎないとする、そしてできるならば、指導と服従とが交互的相互的に行われる社会をえらぶ。ところが現在の生活様式には、これらの徳を修練によって養い育てるという点は一つもない。家庭は専制主義の学校であり、そこでは専制主義の美徳が、むろん悪徳とともに、大いに培われている。自由国家における市民資格はあるていどまでは平等社会の養成所であるが、しかし市民資格も、近代生活においてはほんのわずかな部分を占めるのみで、日々の習慣や心の奥底の感情には匹敵できない。しかし家庭は、これを正しくつくれば、自由の徳の真の学校となるであろう。それはまた、あらゆる徳の学校とも十分なりうるのである。それは、子供にたいしてはつねに服従の学校となり、両親にたいしては命令のそれとなりうる。しかし、必要なことは、家庭を一方における権力と他方における服従という関係のない学校とすること、対等者相互の共感の学校、愛をもって共に住む学校たらしめることである。両親のあいだでは、家庭とはこのような学校でなければならない。そうすれば、家庭は、めいめいが他のすべての結合関係のために備えておかなければならないこれらの徳の修練の場となるであろう。さらに、子供達にたいしては、それは感情と行為との模範となるであろう、すなわち、子供達は、服従という手段で一時的に訓練されることによって、その感情と行為とを習慣的なものとなし、ついにはそれを第二の天性として身につけるのである。人間社会の正常な構造に適応した道徳原則と同じものが、家庭内でも実際に行われるようにならなくては、人類の道徳的訓練は、人間の進歩によってととのえられた生活の諸条件に適応したものとはならないであろう。自分が専制的に支配する人々にもっとも近しい親しみをもつ人もいるが、そのような人間のうちに存する自由の感情は、それがいかなるものであっても、自由への真の愛でもなければ、キリスト教的な自由への愛でもない、それはむしろ古代的中世的な自由への愛である――それは自己の人格の尊厳と重要性とを尊ぶ感情である。そういう自由の感情しかもたぬ人は、抽象的にはなんの嫌悪も感じないくびかせが、彼自身にふりかかってくると、大いにこれを嫌い、自己の利益や栄誉のためとあれば、すぐさま他人におしつけることを辞さないのである。

三　現在の法律のもとにおいてさえ、数多くの既婚者が（イギリスの上流階級においてはおそらく大多数が）、平等の正しい法の精神をもって生活していることを、私はこころよく認めるものである（そしてこのことがまさに私の希望の根拠なのである）。現行の法律に比し道徳的情操のより高い人が数多くいなくては、法律はけっして改善されない。そのような人々はわれわれの主唱する右の原理を支持することに疑いはないが、この原理の唯一の目的は、むしろそうでない既婚者を、すべて現在の彼等と同じにすることにある。ところが、道徳的にかなり立派な人でも、同時に思索家でないかぎり、ややもすれば次のような誤解をする、すなわち、法律や慣習には全然弊害はない、それが、一般に是認されているものならばむしろよい結果があるにちがいない、それゆえ、それに反対するのはよくないと。これは彼がそれらのもたらす弊害を体験したことがないからである。しかしそのような既婚者が、二人を結びつけているきずなの法律的状態を一年に一度も頭に浮べたことがないという理由により、また彼等があらゆる点で法律的に対等者であるかのように生活もし感じもしているという理由により、夫が名うての悪漢でもないかぎり、自分以外の既婚者もすべて自分達と同じだと想像するのは、大きな誤りであろう。こんなことを想像するのは、人間性も知らないし、事実をも知らない人間である。権力を有するのに適しない人ほど——権力を行使しようとしても相手方の自発的な同意をえることがむずかしいような人物であればあるほど——法律によってあたえられた権力の意識をよろこぶものである、そしてその法律上の権利を習慣（そのような人々の習慣）が許すかぎり極度にまで利用し、その権力を所有しているという快い気持にひたるためだけに、それを行使してよろこぶのである。それればかりではない。下層階級のなかでも生来もっとも獣的で道徳的に無教育な人々には、女性の法律上の奴隷状態と、女性が道具として彼等の意志のもとにただ肉体的に隷属しているといった事実とは、その妻にたいする一種の軽蔑と侮蔑の念をひきおこす、それは、彼等と接触する他の女性や他の人間にたいしては、けっして抱かない類のものである。この結果彼等には、妻はあらゆる侮辱を加えるのに適した対象と見えるようになってくる。感情のあらわれ方を鋭敏に観察しうる人、しかもそれをなしうる機会をもっている人をして、これが事実でないかどうかを判断させてみるがいい。そして、彼がその事実であることを知るならば、彼は、人間の心を当然にもこれほどに堕落させた制度にたいして、非常な嫌悪と憤激とを感ぜざるをえないであろう。

一四　あるいは、宗教は服従の義務を課しているではないかという反駁を受けるかもしれない。けだし、弁護ができないほどひどい慣行は、いつでも、宗教の命令であるといいさえすれば、それで弁解になるからである。教会がその法式書に服従の義務をかかげているのは事実であるが、しかしキリスト教がそのような命令をしているということはできにくいであろう。なるほど聖パウロは、「妻よ、汝の夫に従うべし」といったにちがいない。しかし彼は、「奴隷よ、汝の主人に従うべし」ともいっている。けだし現行の法律にたいする反抗を煽動することは聖パウロの仕事ではなかったし、また彼の目的たるキリスト教の布教と合致するものでもなかったのである。この使徒が当時の社会制度をすべてそのまま受けいれたからといって、適当な時期にそれら社会制度を改善しようとする試みを彼が否認したと解釈すべきではない。それは、「あらゆる権威は神によりて立てらる」という彼の宣言が、軍事的専制政治を、そしてそれのみを、キリスト教的な政府の形式として是認したということにはならないし、また、それにたいしては無抵抗に服従せよといったということにはならないのと同様である。キリスト教は政府および社会の現行形態を固定して、その変化を防ぐ考えであるというのは、キリスト教を回教あるいはバラモン教の程度にまでおしさげることである。キリスト教がこれをしなかったからこそ、それは進歩的な人種の宗教たりえたのであり、一方、回教、バラモン教等は、停滞的な人種の、あるいはむしろ（本当に停滞的な社会などはありえないから）、衰えつつある人種の宗教となったのである。キリスト教の歴史をさかのぼれば、キリスト教をしてこれと同じものにしようとした人々、すなわちコーランにかえるにバイブルをもってし、あらゆる改良を禁じる一種のキリスト教的回教徒にわれわれを変えようとした人々は非常に多かった。彼等の力は大であった。彼等に反抗したためその生命を犠牲にした人も多かった。しかしその反抗は成功した、その反抗が、今日のわれわれをつくりあげたのである。それは、しかも、将来のわれわれをも作りあげるであろう。

一五　すでに服従の義務についてのべた以上、この一般的な問題にふくまれる比較的特殊な点――すなわち自分の財産にかんする女性の権利について議論をすすめることは、ほとんど無用のことであろう。というのは、女性の相続財産あるいは所得は、結婚したのちも結婚前と同様彼女のものたるべきだということを納得しようとしない人々にたいしては、この論文がなんらかの印象をあたえようとは期待できないからである。原則はきわめて簡単である。すなわち、結婚していなければあるいは夫のものでありあるいは妻のものであるところのものは、結婚したのちも各〻別別の管理のもとにおくべきである。これは、子供に残しておくために財産契約によって財産を他の目的に使えないようにしておくことと、なんら抵触するものではない。この場合、金銭上のことについて、夫婦別々の所有権をたてるという考え方は、夫婦一体の理想と矛盾するものであるといって、感傷的に顔をしかめる人があるかも知れない。私自身は、所有者の完全な感情の一致によって、あらゆるものを共同に使うというならば、財産の共有ということをもっとも強く支持するものである。しかし私は、「私のものは貴方のものだ」、が、「貴方のものは私のものではない」という教義の上にたつ財産の共有は好まない。そんな約束ならば、たとい私にとって有利な場合でも、けっしてしないつもりである。

一六　右にのべた女性にたいする特殊な不正と圧迫は、ふつうの理解力をもつ人にとっては、他の場合よりも明瞭なものである——そしてこれは、他の弊害と抵触することなしに救済できる余地がある。これがもっとも早く匡正されるものの一つであることはほとんど疑いがない。すでにアメリカ合衆国の多くの新しい州および二、三の古い州においては、女性にたいしてこの点にかんする権利の平等を保証する条項を、成文憲法にさえ挿入した。そしてそれによって、すくなくとも財産を所有する女性の結婚関係における地位は実質的に改善された、なぜなら、それはかれら女性に、署名をしなければ失うことのない力をあたえる手段であったからである。また男性がひたすら財産目あてに女性を誘惑して財産契約をせずに結婚するような恥ずべき結婚制度の悪弊も、それによって防げることとなった。家族の扶養費が、財産でなく労力収入による場合には、男性が稼いで収入を得、妻が家計を管理するという世間一般のやり方は、一般的にいって夫婦間のきわめて合理的な分業であると思われる。妻は子供を生むという肉体的な苦痛のほかに、子供の幼年時代における養育と教育との全責任を負い、それに加えて、夫の稼ぎを家族全員のために注意深く経済的に支出する仕事まで引受ければ、妻の仕事は、その共同生活に必要な心身両面の労力にかんして、かならずしも夫の持分より少いとはいえない。いな、普通はそれより多くなるであろう。それゆえ、彼女が、その上になお余計な部分を引受けるならば、それは彼女の持分をへらすことにはならないで、それを立派になしとげるのを妨げるのみである。もし彼女が子供と家族の世話ができなくなっても、だれもそれをしてはくれない。それでも子供達のうち死ななかったものはできるだけ大きくなるであろうが、家政はだんだん悪くなって、たんに経済の点からいっても、妻の収入からの大きなマイナスとなるにいたるのである。それゆえ、これ以外の普通の場合においては、妻が労力を売って家庭の収入を増すのにつとめるのは望ましい習慣であるとは考えられない。しかし事情が不当な状態にある場合には、彼女がそうすることは、法律上の主人である夫の眼前で、彼女の価値がより高いことを示す方法である、それで彼女に役立つことになるかもしれない。しかし他方、これは夫の権力をいっそう悪用せしめることにならないともかぎらない。なぜかといえば、夫は彼女を無理に働かせ家族の扶養費を得ることを彼女にまかせておいて、その間、自分は酒をのんでのらくら暮すということもおこるからである。女性が自分の財産をもたないときには、働いて収入をうるだけの実力は、彼女の尊厳のために欠くことはできない。しかしながら、結婚は対等の契約であって服従の義務を意味するものでないならば、また、両者の関係がまったくの災難であるような人々はそれを無理にも続行する必要がなく、道徳上正当の理由があればいかなる女性でも法にかなった条件のもとに別居（私はいま離婚のことをいっているのではない）をすることができるならば、そしてまた、こうなった場合女性にも男性と同様自由に立派な職業をうる道がひらかれてあるならば、結婚した女性が彼女の才能をこの特殊な方面に発揮するということは、自己防衛上、かならずしも必要なことではないとおもう。男性が職業をえらぶ場合とおなじく、女性が結婚をする場合には、一生この目的に必要なかぎり家政と育児とを自己の第一の任務として選んだものと解するのが当然である。また、彼女は他のすべての目標と職業とをすてたわけではなく、右の任務と両立しないもののみを放棄したと解するのが当然である。それゆえ、戸外における職業、あるいは家庭においてはできないような職業を、普通の習慣や規則によってやることは、この原則によれば、事実上大部分の既婚女性に禁止さるべきであろう。しかし一般的な原則を個々の場合にあてはめるには、最大限度のゆるやかさが必要である。ほかの仕事に例外的に適している才能ある女性が、結婚したというためにその天職につくのを妨げるものが、いやしくもあってはならない。この場合、彼女が一家の主婦としての通常の任務を精一杯はたしても、そこに不足の点がやむをえず生じたならば、それは他の個所で補ってやるだけの十分な用意がなさるべきである。これらのことは、いやしくも世論がこの問題について正しい方向にむけられるならば、世論によって規制されるがままに放っておいてまったくけっこうなのであり、法律の介入など不要のことである。

第三章

一　男女平等という問題にふくまれるもう一つの点、すなわち従来男性の独占となっていたあらゆる職務と職業は女性にも許されるべきだという点については、家庭内における女性の平等について私の述べたところを読まれた読者ならば、容易に納得されるであろうとおもわれる。女性の家庭外における無能力は、ひとえに家庭生活における女性の従属関係を維持するために固執されるのだと、私は信じている。というのは、一般の男性は、対等者とともに生活するという考えに我慢できるまでになっていないからである。そういう理由からでないならば、政治や経済の学説がこのように進んできた今日、人類の半数を占める女性を、多くの報酬のよい職業やほとんどすべての高い社会的職務などから除外し、あるいは、もっとも愚かで劣等な男性にも法律上許されている職業に、女性は、女性なるがゆえに、適していないしまた適するようになりえないと定め、さらにまた、それらがいかに女性に適している職業であっても、男性の独占的な利益のためにとっておく必要上、女性には禁止されるべきであると定めるなどといったことは、みな正義に反するものであることを認めない人があるとは思われない。過去二世紀のあいだにおいて（めったに起ったことではないが）、女性の無能力を正当化するために、たんに事実をのべるにとどまらず、それにたいする理由をさがす必要があった場合にも、その理由として、女性は男性より精神的能力において劣るといったものは一人もなかった。公的生活の競争場裡において個人的な能力が実際にためされた時代にも（むろん女性もそれに加わった）、それを本当に信じるものはまったくなかったほどである。その時代においてあたえられた理由は、女性の不適当性ではなく、むしろ社会の利益であったのであり、社会の利益とはすなわち男性の利益にほかならなかった。これは、「国家のため」raison d'état という言葉は、政府の便宜と現存勢力の擁護とを意味するのであるが、それを使っておけば、どんな破廉恥な罪悪でも説明でき弁明できると考えられていた、それとまさに同じことであった。しかし今日では、権力は昔とちがって耳ざわりのよい言葉を使う、すなわち誰を圧制しようとも、それをするのはその人々のためだというのである。したがってある事柄を女性に禁ずる場合には、女性はそれをする能力がないし、またそれをしたいと望むことは、女性の成功と幸福の真の道からはずれているという風にいわなくてはならず、またなるべくならそう信じなくてはいけない。しかしこの理由を人に納得させるためには（根拠のあるものにするため、とはいわないが）、それを主張する人々は、現在の経験に反してもいいという覚悟をもってそれを支持しなければならない。すなわち、平均の女性は平均の男性に比し、ある種の高度な精神的能力において劣るとか、最高度の知的職業や職務に適する女性は、男性にくらべればはるかに少いなどと主張するだけでは十分とはいえない。どうしても、これらの職業に適する女性は全然ないとか、もっとも優れた女性であっても、精神的能力において、現在これらの職務にある男性のうちもっとも凡庸な者にも劣る、とか主張しなければならない。なぜならば、もし職務の執行が、競争その他公益を害しないような選び方によって決定されるならば、重要な仕事が平均の男性に劣る女性の、または男性たる競争者の平均以下の女性の手におちるような気遣いはまったくあるまいからである。ただそのような仕事においては、女性が男性よりもすくないという結果は現われるであろう。しかしそれは、大多数の女性が競争者のないある種の職業をとくに選ぶためにそうなるのであって、そういう場合には、そういう結果がかならずおこるのはしかたがない。さて今となっては、いかに断固として女性を軽視する者でも、過去の経験と最近のそれとをあわせて考えれば、女性が、それも少数の女性だけでなく多数の女性が、おそらく一つの例外もなく、男性のすることは何でもでき、しかもうまく立派にやりとげることができるといえることを、あえて否定はしないであろう。せいぜいいいうることは、仕事によっては女性のうち誰一人男性ほど立派に成し遂げえなかったようなものがかなりあるということであり、女性が最高の地位に達しえなかったものも相当あるということである。しかし精神的能力を重んじる職務で、女性が次位を獲得できなかったというものは、ほとんどないといっていいであろう。女性が男性と競争してこれらの職務につくことが許されていないのは、女性にたいする圧制であり、社会にたいする損害であると主張するには、これで十分、いな十分以上ではあるまいか。そのような職務が、しばしば多くの女性よりもはるかに劣っている男性、正々堂々の競争では女性にかなわないような男性に占められているということは、まったく自明のことではないか。いま問題となっている職務に十分適した資格をもちながら、それ以外の仕事に従事しなければならないものが、女性ではなく男性であったとしたらどうなるであろうか。こういうことはあらゆる競争においておこらないというのか。社会には、能力ある女性の奉仕を拒絶することができるほどに、高等な職務に適した男性がありあまっているとでもいうのであろうか。社会的に重要な任務や職務に空きが生じた場合、われわれは人類の半数を破門し、彼等がいかに優れていようともその才能を役立たせることはあらかじめ拒絶して、しかも何の損失も蒙らずにいられるほどに、それに適した男性が容易に発見されうるという確信があるのだろうか。またたといわれわれがその人々なしでやれるとしても、彼等に当然の名誉と光栄とを拒絶し、あるいは、自己の責任において、その好みにしたがって（他人の迷惑にならないかぎり）職業をえらぶという人類すべてに平等な道徳的権利を、彼等にあたえないということは、正義と両立しないのではないか。それは彼等にたいして不正であるだけではない。彼等の奉仕によって利益する地位にある人々にとっても不正である。いかなる種類の人でも、医者となり弁護士となり代議士となりうるのではないと定めることは、彼等にたいして不利益であるばかりでなく、医者、弁護士を傭い代議士を選挙する人々にとっても不利益である。さらにそれは、個人的な選択範囲をせばめるとともに、激しい競争が競争者の努力を刺戟するという効果をも失わせるために、社会一般にとっての不利益となる。

二　いま私の議論を詳細に述べるにあたって、公的な性格をもつ職務だけに問題を限定しても何等さしつかえないであろうと思う。というのは、もしこの職務にかんして私の議論が成功すれば、女性の就職を認めるか否かがいささかでも問題となりうる他のすべての職業にたいしても、それを肯定すべしということが、おそらくただちに認められるであろうからである。この意味において、私はまず最初に、他の職務とは非常に異っている職務、それにたいして女性は能力と無関係に権利を有するであろうとおもわれる職務をえらびだそう。それはいうまでもなく国会市会両議員の選挙権である。およそ公の信任をうけた職務につく人を選ぶことに参与する権利は、その信

く、ましてや根本的な劣等性を示すものではないということを証明する心理学的考察は、ここではすべて省きたいと思う。そしてここでは、女性を、現在あるがままに、あるいは現在までこうであったとされているままに考察しよう。また、女性が事実上すでに示した能力について考察してみよう。彼等が現在までにあげた実績は彼等の能力の証明である、ほかのことは別としても、これだけは間違いではない。もっとも彼等女性が、男性にあてられている職業や目的に向くようには仕込まれないで、かえってそれから遠ざかるようにたえず教育されていることを考えるならば、女性が過去においてあげた実績を私の立論の根拠とすることは、女性のためには、あきらかにきわめて控え目な根拠をあげるにすぎないこととなる。このように実績を問題にするのは、この場合否定的な証拠はなんの役にも立たないが、肯定的な証拠であれば、決定的に役立つからである。女性はホーマーたり、アリストテレスたり、ミケランジェロたり、ベートーヴェンたりえない、なぜならば、女性はいままでどの方面においても彼等に匹敵する作品を実際につくったことがないから、という推論はなりたたない。この否定的な事実は、せいぜいのところ問題を未決定のままにしておき、あとは心理学的な議論にゆだねるだけである。これに反して、女性はエリザベス女王たり、デボラ（聖書に出てくるイスラエルの予言者・士師）たり、ジャンヌ・ダルクたりうる、これには間違いがない、なぜかといえばそれは推論ではなく事実であるからだ。ところで、現行の法律によって女性がなしえないただ一つの事柄が、ほかならぬ女性もまたなしうることを現に示した事柄であるというのは、まったく奇妙な考えであるといわなければならない。女性にシェークスピヤの全戯曲を書くことを禁じ、モツアルトの全歌劇を作曲するのを禁ずる法律はない。しかし、エリザベス女王は政務についてヴィクトリヤ女王と同様に最大の偉大さを示したのであるが、この二人にしても、もし王位継承によらなかったならば、いかなる政務も委ねられることはなかったであろう。

五　心理学的な分析をせずに経験からひきだせる結論があるとするならば、それは、女性に禁じられている事柄が、すなわち女性がそれにたいして特別に能力をもっている事柄であるということである。なぜならば、女性の政治にたいする才能は、それが発揮される機会はごくまれであったとしても、よく困難を排して顕著なものとなったという事実があるからである。ところが、あきらかに女性にたいして自由に門戸を開いている方面においては、彼等はけっして政治面におけるほど顕著に名をあげなかった。歴史上主権を掌握した女王の数は男王のそれにくらべて非常に少い、しかしこの少数の女王の大部分が、多くは国家多難の時代に王位にあったにもかかわらず、統治にたいしてすぐれた手腕を示した。しかも彼等は非常に多くの場合に、女性特有の空想的で因襲的な性格に全然反した功績を示して名をあげた、それは注目にあたいすることである。彼等の統治は確固として勇気があった、またその聡明さにも著しいものがあった。いま女王や女帝のほかに摂政や地方の総督をも加えれば、人類のすぐれた統治者であった女性は非常な数に上るであろう。(註)この事実があまりにも明白なことであるために、かつてある人はこの議論に仕返しを試み、この明白な真理に、次のようにいうことによって、侮蔑的な意味をつけくわえた。「女王は王よりもいい、なぜならば、王の下では女性が治めるが、女王の下では男性が治めるからである。」と。

（註）　このことはヨーロッパのみならずアジアまでも考慮に入れるといっそう真理であることがわかる。たとえば印度の一公国の政治が力強く注意深く経済的におこなわれている場合、圧制しないのに秩序が保たれている場合、また耕作が進展し国民が栄えている場合をみるならば、四例中三例まではその公国が女性の支配下にある場合である。こんなことがあろうとは考えていなかったが、私はこれを印度政府における長い職務上の経験によって知るにいたった。このような例は非常に多い。すなわち印度の制度によれば女性は統治しえないのであるが、ただ世嗣が成年に達するまでは王国の法定の摂政たりうる。ところが男性の統治者は怠惰と過度の放蕩のためにしばしば成年に達しないうちに夭折するので、女性が摂政たる場合は非常に多い。これらの王妃はけっして公然と姿をみせず、家族以外の男性とは幕をへだててしか話をしないこと、また彼等は本を読まないし、読んだとしてもその母国語では政務にかんするほんのわずかな知識をもあたえうる本はないことなどを考えるとき、この実例は、政治にたいする女性の生れつきの能力を示すものとして、まことに目ざましいといわなければならない。

六　ひどい冗談にたいして真面目に議論をすることは、いうだけ無駄なことのようでもあるが、そういう冗談はよく世人の心を動かすものであるし、また私は、人がこの言葉のうちになんらかの真理が含まれているかのごとき口吻で、この言葉を引用するのを聞いたことがある。いずれにせよ、議論の出発点としては、この言葉は一番役に立つ。そこでまず私のいいたいことは、王の下では女性が治めるというのは真実でないということである。たといそんなことがあっても、それはまったく例外の場合にかぎられる。柔弱な王は寵姫によって誤まられることもあったが、それとまったく同様に、寵臣の影響によっても悪政をおこなった。王が愛人の寵におぼれ、それによって政治をおこなうならば、むろん多少の例外はあるにしても、彼が善政をしきうるはずはない。しかしフランスの歴史をみると、王が多年にわたって、みずからすすんで政務の命令権を女性にあたえた例が二つある、一人は彼の母后に、一人はその姉に。すなわちシャルル八世（十五世紀のフランス王。彼が成人するまでフランスは彼の姉アン・ド・ボージューによって治められた。）はまだ少年であったせいもあるが、当時もっとも有能な君主であった父ルイ十一世の遺志によってそうしたのであった。その二は聖王ルイ（ルイ九世、十三世紀のフランス王、彼が成人するまでその母が攝政をつとめた。）であって、彼はシャルマーニュ（八―九世紀の西ローマ皇帝、フランク王）の時代以来の最良の君主であり、かつもっとも精力的な支配者の一に数えられた。この両王女の治績は、当時におけるどの王にもまして立派であった。皇帝カール五世（十六世紀の神聖ローマ帝国皇帝）は当代のもっとも英明な君主といわれ、配下に有能な士をかつてないほど多数かかえ、個人的感情のために国家の利害をあやまるようなことのほとんどなかった人であるが、彼はその王族中から二人の王女をひき続いてオランダの総督に任命し、彼の生涯のあいだ二人は続いてその地位を保ったのであった。（その後も別の王女によってうけつがれた。）二人とも上首尾に支配したが、その一人オーストリヤのマルガレーテ（マクシミリヤン一世の皇女、カール五世は甥にあたる。）は当代中もっとも偉大な政治家の一人であるといわれた。第一の問題についてはこれだけにして、それでは次の問題に移ろう。女王の下では男性が治めるというとき、それは王の下では女性が治めているというのと同じことを意味するであろうか。いいかえれば、女王は、その政治上の配下たるべき人を、自分の好きな友人のなかから選ぶという意味だろうか。こういうことはめったにおこる例ではない。友人関係ではエカテリナ二世（十八世紀のロシア女帝）のようにだらしない人々でも、なかなかそうはできない。しかも、男性の影響によって立派な政治がおこなわれたといわれるのは、こういう場合ではない。それゆえもし政治が女王のもとでは凡庸な王のもとにおけるよりすぐれた男性の手中にあるというのが本当ならば、それは、女王が配下の選択にすぐれた能力を有するということに外ならない、それならば、それは、女性が男性よりも君主の地位や総理大臣の地位に適しているということだ。というのは、総理大臣の主要な職務は、みずから政治をすることではなくて、公務の各部門を執行する最適任者を発見することであるからである。人の性格にたいするすばやい洞察力は、女性が男性にすぐれている諸点の一つとして誰でも認めるところであるが、これがあるために、女性は、他の点における資格は同等であるとしても、人を統治する場合のもっとも重要な仕事である配下の選択において、うたがいもなく男性よりも適しているに相違ない。あの無定見なカトリーヌ・ド・メディチ（十六世紀のフランス王アンリ二世の妃。夫王の死後、その子フランソワ二世、シャルル九世の摂政として活躍した。）でさえ大法官ド・ロピタルのごとき人の価値を感じえたのであった。しかし偉大なる女王の多くは、統治にたいするみずからの才能によって偉大たりえたのであり、まさにその理由によって人々によく仕えられたのであるということも、また真である。すなわち彼等は政務の最高の命令権を自分の手から離さなかった。そしてもし立派な忠告者の言を容れることがあっても、その事実は、彼等が政治上の大問題を処理するだけの判断力をじゅうぶんに持つということを強く証拠だてたのである。

七　それでは、政治という重要な職務に適している人々が、それほど重要でない仕事をする資格はもたないと考えるのは、道理にかなったことであろうか。王の妃や姉妹は、必要な場合にはいつでも王の職務を王と同じように果す能力がある、しかし政治家、行政官、会社の重役、公共機関の経営者等の妻や姉妹はその兄弟や夫にかわりえない、そういうことは事の性質上何か理由のあることだろうか。その理由はきわめて簡単である。すなわち王女は、女性としては男性の下に位するが、その身分によって一般の男性の上にあるために、政治に干与すべきではないとは教えられなかったからであり、むしろその身辺におこり、場合によってはみずから衝に当る必要もおこりうる重要な事務にたいして、教養ある人間ならば当然感じるような自由な興味をもつことを許されていたからなのである。それゆえ、男性と同じだけの興味をもち、同じだけ自由に発展することを許されている唯一の女性は、王室の婦人であるといえよう。そして女性が男性に劣らないとされたのは、まさに彼等の場合であった。要するに、女性の政治能力がためされた場合はいつでも、まさにそれに比例して、その能力は十分であることが示されたのである。

八　この事実は、従来の女性に特有な資質傾向にかんして、これまでの不完全な経験がわれわれに示しているもっとも一般的な結論と一致している。私は従来の女性といったが、将来の女性もそうだとはいわない。というのは、すでに度々述べたように、その生来の素質によって女性とはこういうものであるとか、そうではないとか、あるいは、こうありうるとか、そうあるはずがないとかいうことを、決定した気になっている人があるとすれば、それは僭越だと考えられるからである。従来女性はその自然的発達にかんするかぎり非常に不自然な状態に抑えつけられてきた、そのため、その性質は非常にゆがめられ、偽装されたものとなった。もし女性の性質が男性のそれのように自由に発展するのを許されていたならば、そして人類社会のそのときの状態からして必要な、しかも両性に同様にあたえられる条件のほか、人為的な偏向が一切女性の性質にあたえられないものとしたならば、女性の本来の性質と能力とは、男性のそれにくらべていかなる実質的な相違を示すであろうか、いやしくも相違というようなものがありうるとは、誰もいえないであろう。男女間に現在存在する相違のうち、もっとも争う余地のないものですら、それはもっぱら環境によってつくられたものであって、生れつきの能力の相違ではないことについては、のちに示すことにしよう。しかし経験に照らしてみると、女性の才能は、一般的には、実際的方面にむいているといえよう、そしてそのことは、この問題にかんする他の一般的断定よりも確実であろう。これは、現在および過去における女性の公生活にかんする歴史にも一致している。そしてまた、日常の経験によっても同様に証拠つけられている。いま才能ある女性につねにみられる精神的能力の特質を考えてみよう。それらはみな同じように実際に向いており、実際的な傾向を有している。いわゆる女性の直観的な知覚能力といわれるものがこれであって、当面の事実を敏速正確に洞察することをいうのである。これは一般的原理とはなんの関係もない。誰も直観によって自然の科学的法則を発見し、直観によって義務や分別の一般的原則に到達したものはない。そういうものは、長い間の経験を注意深く集積し比較したうえでえられる結果なのであって、男女をとわず直観的な人々がこの方面において秀でることはまずないであろう。もっとも、その場合に必要な経験が彼等自身によってえられたものである場合は別である。というのは、そのような人は、いわゆる直観的な明敏さによって、その個人的な観察手段をとおしてえられる一般的真理を蒐集するのに、特にたくみであるからである。それゆえ、万一女性が読書と教育とによって、男性と同じように他人の経験の結果をも知るようになるならば、(私はわざと万一という言葉を用いる、というのは、人生における重大事を処するに必要な知識をそなえている女性は、かならず独学によってそれをえたものであるからだ)、女性は、一般の男性よりも、巧みに上首尾に事を実行しうるような要件をそなえるに相違ない。元来あまりに多く物を教えられている男性は、当面の問題にたいする感覚をともすれば失いがちである。すなわち彼等は、現在処理を必要としている事柄のなかに、そこに真に存在するものをみないで、当然そうあると教えられたものをみるのである。こんな欠点はなんらかの能力をもっている女性にはほとんどみられない。彼等の「直観」力がこの際有効にはたらくのである。経験と一般の能力とが同じであれば、女性は通常男性よりも眼前の事物をより多く了解するのであって、この現実にたいする感受性こそ、理論ではなく実際にたいする能力のよってたつ主要な特質なのである。一般的原理の発見は思索的能力にまつべきであり、個々の場合にその原理があてはまるかあてはまらないかを弁別することは実際的能力の本質をかたちづくる。そして、現在あるがままの女性は実にこの点において特別の才能を有するのである。もちろん、原理を忘れては正しい実践はありえないということはたしかである。また、観察のすばやさというものが女性の能力のうち主な部分を占めているので、女性は、ともすれば自分の観察をもととしてあまりにも早急な結論をたてがちであることも私は認める。しかし同時に、女性はその観察の範囲がひろまるにつれて、これらの結論を訂正するにもすみやかである。この欠点を改めようとするならば、女性は、人類の過去の経験に学ばなければならない。一般的知識がこれであって、それはまさに教育のみがよくなしうるところのものである。女性のする失策は、あきらかに、利口な独学者のそれと同一である。すなわち、正規に教育されたものの知らないことはよく知っているが、よく知られていることを知らないために誤りをおかすといったたぐいである。むろんこういう独学者は、現存の知識から多くを学びとっているからこそこれだけ成功したのであろうが、その知識は断片的に手当たり次第得られたものであるにすぎない。

女性もまさにそのとおりである。

九　このように、女性の心は当面のことに、また実在のことに、そして現実の事柄にかたむく傾向がある、それは偏狭になれば過誤の原因ともなるが、他方、反対の過誤を牽制するのにたいへん役立つのである。思索的な心をもつ人のもっとも陥りやすい重大なあやまちは、客観的事実にたいするこの生々とした知覚と不断の感覚とを欠くことにある。これが欠けているために、彼等は外界の事実と自己の理論とのあいだの矛盾をみのがすのみならず、思索の本来の目的をも見失うことが多い。そして、彼はその思索力を、生命のあるなしをとわず実在の世界に入れることを忘れ、理想化された世界にすら入れることをせず、抽象論の幻想やたんなる言葉のあやによってつくりだされた形象化された幻影を追って、その世界へと迷いこませるのである、そして、ついにはこれらの幻影を最高至上の哲学の本来の対象だと考えるようなことになるのである。それゆえ、みずから観察によって学問の材料を集めることはしないで、思索をつうじて既存の材料を研究し、包括的な科学の真理と行為の法則とをものしようとする理論家や思索家にとっては、真にすぐれた女性と共におり、その批評をうけつつ学問を続けることほど大きな価値をもつことはありえないとおもわれる。彼の思索が実在の物からはなれず、あるがままの具体的な事実から遠ざからないようにするには、これにまさることはないであろう。女性はむやみに抽象をこととしない。女性の心は物事を集団的にみるよりも個別的にとり扱う習慣的な傾向をもっている。また女性は（これに密接に関連して）、人々の現在の感情にたいしてより活潑な興味を感じるから、実際に事をおこなう場合、それによって人々がどのような影響をうけるかということを何よりもまず最初に問題とせずにはいられない。この二つのことのために、女性は、個別の姿を見失うような考え方を信じないし、物事を、あたかも一つの想像上の存在のために、すなわち生きた人間の感情の中へとけこんでこないたんなる精神の創造物のために存在しているかのように取扱う考え方に一切信をおかない。女性の思想は、このようにして、思索的な男性の思想に現実性をあたえるのに役立つ、それは、ちょうど男性の思想が女性のそれに広さと大きさとをあたえるのと同じである。もし思想の広さの問題をはなれて深さの問題となれば、私は、現在でさえ女性は男性にくらべて劣るものであるかどうかを疑わざるをえない。

10 女性が現在有している精神的特徴は、思索を助けるうえにおいてもこれほど有益であるが、思索が完結し、その成果を実行に移す場合になると、それはいっそう有益に働くのである。すでにのべた理由のために、女性は、男性に共通の誤謬に、すなわち現実の特殊性が抽象的原則の適用を許さない場合、あるいは原則を適用しうるにしてもそれを何程か修正しなくてはならない場合に、なおもその原則を固執するという誤謬に陥ることが比較的すくないといえる。そこで、つぎに、利口な女性のもう一つの長所とされている点、すなわち理解のすばやさということについて考察しよう。このことは、実際家にとってはすぐれて適当な資格であるといえないであろうか。行動においてはあらゆることがつねに即座の決断にかかっている。ところが思索においてはこれを必要としない。たんなる思索家はゆるゆると時間を費して考え、裏付けとなる事実を集めていればよいのであって、その哲理をただちに完成しなくても、機会が失われるおそれはない。もちろん、不十分な材料から出来るだけ立派な結論をひきだす力は、哲学においてもまったく無用であるわけではない、また、周知の事実と矛盾しない一時的な仮定を作ることが、さらに深い研究のために必要な基礎であることもしばしばである。しかしこのような能力は、哲学をするための主要な資格ではなく、ただ哲学においても役に立つというだけのことにとどまる。そして哲学者は、この主要な仕事のためにも補助的な仕事のためにも、どちらにも好きなだけの時間を費していいのである。彼はその仕事を迅速にする能力を必要としない。彼がむしろ必要とするものは、不完全な見解が完全なものとなり、臆測が定理へと熟するまでのあいだ、ゆっくりと仕事を続ける忍耐力である。これに反して、永続性のない一時的なもの——一連の事物ではなく個々の事物——をとり扱う人々にとっては、思考の速さということが思考力それ自体についで重要な資格となる。不意に行動する必要がある場合、自分の能力をただちに働かせることができないような人は、その能力を全然もたないのと同じである。そういう人は批評には適しているかもしれないが、実行には適さない。女性と、女性によく似ている男性とが明白にすぐれている点はここにある。他の種の男性は、いかにすぐれた能力をもっていようと、その能力全部を発揮させるには時間がかかる、そういう人々は、自分が熟知している事柄においても、早急に判断を下し迅速に適宜な行動をとりうるようになるためには、たゆまぬ努力が必要であって、それが積んで習慣とならなければならないのである。

二　女性は非常に神経過敏である、そのため女性は、物に感じやすく、移り気で、一時の感情にはげしく支配され、とうてい根気よく頑張ることができず、自己の能力を均一確実に発揮することができないから、家庭生活以外のことにおいて実践をなすには不適当であるというものがあるかもしれない。なるほど、女性は高級な重要職務に適していないという普通の反対論は、このように約言しうるであろう。だが、こういうことは、たいてい神経の力の浪費からおこるのであって、その力の使い方がはっきりと定まれば、そういうことはなくなるに相違ない。またその多くは、意識的あるいは無意識的に養成されたものであるから、一度流行しなくなると全然消えてしまうものである、現に「ヒステリー」や失神などが、それである。そればかりでない、上流階級の多くの女性に見るように(イギリスにおいては他国ほど甚だしくないが)、風にもあてられず、寒さにもさらされず、血液循環や筋肉の組織に刺戟をあたえてその発達を促すような仕事や運動は一切禁じられて、ただ温室植物のように育てられるならば、そして他方において、その神経系統、とくに情緒の面におけるそれが、不自然なまでに活動させられているならば、そのような女性は、肺病で死ぬ不幸はまぬがれたとしても、その体質が、内部的外部的におこる些細な原因からも錯乱しがちなものとなるのはけっして不思議ではない、そういう女性は、肉体的と精神的とをとわず、継続した努力を必要とする仕事にたえてゆく精力をもたなくなる。これにたいして、生活のために働くように育てられた女性は、せまくるしい不衛生な室で過度の坐業に束縛されている場合でないかぎり、このような病的な特徴は一切示さない。まして少女時代にその兄弟と同じ健康的な体育と肉体的自由とをうけ、大きくなってからも新鮮な空気と運動とを十分に味わうことができた女性は、活動的な仕事ができないほど神経過敏だなどということはめったにない。むろん体質的に並外れて神経過敏な人々、しかもそれが彼等の肉体組織の一特徴となっていて、その表面にあらわれた生活の全性格を大きく左右するほどに目立っている人々は、男性にも女性にもいくらかはいることはたしかである。この体質は他の肉体構造と同じように遺伝的なものであって、男子にも女子にも、同様に伝えられる。ただこの神経質（とよばれているもの）は、男性よりも女性により多く遺伝することが可能であり、またそのほうが多いといいうるにすぎない。そこでこの点は事実と仮定しよう、そして私はつぎの問題をかかげたい、すなわち、神経質な男性は、男性が通常やっている職務や仕事には不適当であろうか。もしそうでないならば、なぜ同じ性質の女性にかぎってそれに不適当であるといいうるのであろうか。一体に特異な気質というものは、一定の限度内においてある種の仕事における成功のたすけとなると同時に、他の仕事においては成功のさまたげとなるものである。しかしその職業がその気質に適当している場合には、いな時としてはそれが不適当な場合であっても、極度に神経過敏な人が非常に輝かしい成功をおさめた例はけっしてすくなくないのである。彼等は他の体質の人よりも非常に強く興奮を感じるので、いったん興奮した場合には、他の人々とちがい、平常はまったく持ちあわさないような能力を示す、それが、彼等の力が実際に現われる場合の特色である。彼等は、いわば自己以上の人間となるのであって、通常の場合にはとうてい不可能なことでも、やすやすとするのである。といって、この高揚した興奮状態は、弱い体質の人は別として、ただちに消えて跡もとどめない閃光に終るものではない、それは、目的にたいする根気のよい着実な努力と両立しうるものである。神経質な人の特徴は、たゆまざる努力をつうじて「持続した」興奮状態を保ちうるということである。いわゆる「意気ごみ」である。純血の競走馬がたおれるまで疾走をやめないあれである。また幾多のかよわい女性が、火刑に処せられるにあたって、またその処刑前の心身の長い責苦のあいだをつうじて毅然たる態度をくずさなかったのも、これがためである。こうして、この気質の人がいわゆる人類を統率すべき実行面にとくに適していることは明らかである。彼等こそ、大雄弁家、大説教者、道徳的感化の強力な弘布者となりうる人である。しかし彼等の体質は、大臣となり裁判官となるのに必要な資格を欠いていると考えられるかもしれない。もし興奮しやすいということから、彼はつねにかならず興奮状態にあるという結論が出てくるものならば、そういう考えも当然である。しかし、これはまったく訓練の問題である。強い感情は強い自制の手段でありその要素である、ただ、これを、そうなるように練磨しなければならないだけである。それさえできれば、強い感情は衝動的英雄をつくるばかりでなく、自制的英雄をもつくりうるであろう。歴史と経験とは、もっとも感激性に富んだ人がその感激をこのように練磨したとき、もっとも義務に忠実であることを示している。ある裁判官が、感情においては当事者の一方に強いひいきの感情をもっていたとしても、判決を誤らなかったとすれば、彼はまさにその感情の強さから断固とした正義感をよびさまし、その正義感によって自己を征服したのである。人をして日常の性格からぬけださせる高い感激の力、それがふたたび彼の日常の性格そのものに作用するのである。すなわち、異常な状態にあるときのその抱負と力とを標準として、彼は平素における情操と行動とを比較し評価する、そしてついには、彼の平素の志もまた人間の肉体の性質上一時的でしかありえない高い興奮の一瞬一瞬をつうじて練りあげられ、それと同化した性格をもつようになる。個人の経験とおなじく民族の経験も、感激性を有する民族が思索においても実践においても、冷静な民族にがいして劣るものではないことを示している。フランス人やイタリヤ人は、チュートン民族よりうたがいもなく天性神経質で感激的である。少くともイギリス人とくらべれば、より多くの感情生活を日常の習慣として営んでいるといえよう。それだからといって、彼等は、科学において、政治において、立法上司法上の事跡において、あるいは戦争において、イギリス人より劣っていたであろうか。古代のギリシャ人は、その後裔がいまもなおそうであるように、人類の中でも比較的感激性にとんだ種族であった、これには十分な証拠がある。しかし人類のあげた業績のうちで彼等がすぐれていなかった点を求めることができようか、いうだけ無駄である。ローマ人はおなじ南方民族として本来ギリシャ人と同様の気質をもっていたようである、が、そのスパルタ式の国民訓練のきびしさは、彼等をして正反対の国民性の典型たらしめた。彼等の生来の感情が非常に強かったであろうことは、その本来の気質が後天的な性格に強烈さをつたえているという点にあきらかにうかがうことができるのである。以上に示した例は、生来感激的な民族がきたえられた場合にどうなるかということを示したのであるが、これに反して、それが放任されていた場合にはどうなるか、それにかんして好適例を示すのは、アイルランドのケルト族である。(何世紀もの間悪い政治の間接的な影響のもとにあったこと、旧教の階層制度と旧教にたいする厚い信仰との直接的な訓練のもとにあったこと、かりにこういうことを放任されていたといいあらわしていいものとして。)こう考えると、アイルランド人の性格は不利な場合の一つとして考えられるにもかかわらず、なお個人が非常にすぐれた環境に育てられさえすれば、多種多様の方面にすぐれた人を沢山出しうるという点で、アイルランド人ほど大きい能力を示した国民はない。イギリス人とくらべたフランス人、スイス人とくらべたアイルランド人、ドイツ民族とくらべたギリシャ人、イタリヤ人のように、男性とくらべた女性は、平均して、その得意とする面は多少異るとしても、大体男性と同じことができるようである。そこで、もし女性の教育と訓練とが、その気質にありがちな弱点を助長しないで、これを匡正するようになされるならば、女性は全体として、男性と同じことをじゅうぶんなしうるにいたるであろうことは、私の信じて疑わないところである。

三　しかし、ここでは、女性の心は生来男性の心よりも変りやすく、一つのことに根気よく努力を続けてゆくことができず、一つの道を選んでその達しえられる最高所までゆくというよりは、むしろ自己の能力を多方面に分つのに適しているということの方が本当だと仮定しよう。（重大なものもふくめて例外が多数あることはいなめないが、ともかく）これは、現在の女性について あてはまるであろうし、またこれは、一連の思想と職業に全心をうちこむことが必須とされている事柄においては女性が男性に一歩を譲るということの説明になるであろう。それを認めても、なお、この相違は、たんに優越面の種類に関係するだけであって、優越面の有無またはそれの実際上の価値に影響するものではない。そのうえ、心の一部分のみをもっぱら働かせるということ、すなわち全思考能力をあげて一つの問題に専念し一つの仕事に集中することは、たといそれが思索自体を目的とする場合でも、はたして人間の能力の正常かつ健全な状態であるかどうかということは、なおいちおうの研究を要する事柄である。この集中によって特殊の発達をなしうるという利益があるのを私は疑わないけれども、それは同時に、人生の他の目的にたいする能力においては損失となってあらわれることを信じないではいられない。しかも、抽象的な思索をする場合でさえ、間断なく難問題に執着しているよりは、時々その問題にたち戻って考えてみる方がよい結果をえるものであることは私の確信するところである。それはともかくとして、実践の目的のためには、仕事の難易にかかわらず、注意が甲から乙へと迅速に移って、この二者のあいだにおける知能の活潑な流れを停止させないという能力は、きわめて価値の多い力である。そして女性こそこの力をあきらかにもっている、それは、悪口の種となるところの移り気という徳のおかげである。女性がこの力をもっているのはその生まれつきであろうと思われるが、またそれは訓練と教育とのたまものでもあることは疑えない。というのは、女性の職務のほとんど全部が、小さなしかし数多い瑣事の処理にあるからである。女性の心は、その一つ一つについては、一分と考えていないで、順々に次に移ってゆかなければならない、もし長い時間をかけて考えなければならないようなことが起れば、そのためには、半端な時間をあつめて時間をかせぐよりほかに方法がない。大抵の男性ならば、思考しないことの口実にするような事情や時間のもとで、何とか思考する女性の能力は、まことにしばしば注目されたところである。また女性の心は、たとい些細なことばかりで満されているにしろ、それがからっぽになっているということはめったにないのである。これにくらべると男性の心は、自分一生の仕事ときめたことをやっていないときには、ぼんやりとして何も考えていないことが多い。女性の日常生活にかんする仕事というものは平凡な事柄である、しかも、それは地球が回転して止まることがないように一瞬も止まることがない。

三　しかしながら、男性の精神的能力は女性のそれにくらべて優れているという解剖学上の証拠がある（というものがある）。すなわち、男性の脳髄は女性よりも大きいというのだ。これにたいして、私は、まず第一に、その事実自体が疑わしいものであると答えよう。女性の脳髄は男性のそれよりも小さいということは、けっして立証されてはいない。もしそれが、もっぱら女性の体格が一般に男性の体格よりも貧弱であることから推論されたものであるとするならば、この断定の準拠からは奇妙な結論が生ずるであろう。すなわちこのいい方によると、背が高く骨組の大きい人は、小さい人よりもすばらしく賢くなければならないことになる、象や鯨は人間よりもはるかに優れていなければならないことになる。解剖学者の説によると、人間の脳髄の大きさは身体の大きさほど、いな頭の大きさほどにも変化のあるものではない、前者の大きさは後者の大きさからは全然推測されえないそうである。また女性のあるものは、たしかに、どの男性にもまけないくらい大きな脳髄をもっている。私のきいたところでは、多くの人間の脳髄の目方をはかった人が、自分の知っているもっとも重い脳髄は女性のそれで、それはキューヴィエ（一七六九―一八三二、フランスの自然科学者、古生物学・比較解剖学の創始者）の脳髄（いままでの記録のうちで一番重いもの）よりも重かったといったということである。つぎに、脳髄と知力とのあいだの正確な関連はまだ十分に知られてはいないのであって、いまなお大きな論争の的となっているものであることを述べておかなければならない。むろんそこに非常に密接な関係のあることはたしかである。うたがいもなく、脳髄は思考と感情との中枢機関である以上、（脳髄の各部分がそれぞれ各種の精神的能力を司っているということにかんする未決の大論争はしばらくおくとしても）、その機関の大小がその作用と全然無関係であったり、また機関の大きさが増してもそこから発現する力が増加しなかったりするならば、それこそ、生命と組織とについてわれわれの知っている一般法則に矛盾し、その例外となるであろうことは、私も承認する。しかしまた、その機関の作用に影響をあたえるのは、ただその大きさだけであるというならば、それも矛盾であり例外であることは同じようなものである。すべて自然の作用は微妙であるが――なかでも生物の作用がもっとも微妙であり、さらに神経系統のそれはとりわけ微妙であるが――その効果の相違は、肉体的機関の大きさにもよるけれども、また同様にその質の差にもよるのである。そしてもし、ある機関の質はその機関のなしうる仕事の巧妙精緻の度によって測定されるものであるならば、種々の徴候は、女性の脳髄と神経系統の質が男性のそれにくらべて概してはるかに優秀であることを示している。しかし、いま実証の困難な抽象的な質の相違の問題はおいて、能率について考えてみるならば、ある機関の能率は、ただにその大きさのみによるのではなくその活動力によってもきまるのである。これについては、その刺戟力も回復力もともに主として血液の循環によるのであるから、機関を循環する血液のエネルギーでほぼはかることができる。そこで、男性は平均して脳髄の大きさにおいてすぐれ、女性は脳の血液循環の活動力においてまさるということは――この仮説は男女両性の精神作用の間に現にみとめられる相違とよく合致する――すこしも驚くべきことではないであろう。類推にもとづく推測によって、男女の組織における以上のごとき相違から考えられる結果は、われわれが日常みているある種の結果と符合するようである。すなわち、第一に、男性の精神作用は女性のそれよりも緩慢であるらしくおもわれる。その考え方や感じ方は女性のように敏活ではない。大きな体は全体が活動しだすまでによけい時間を要する。他方においては、しかしながら、いったん完全に活動を開始すると、男性の脳髄はより多くの作業に耐え、当初の目的をいつまでも固執するようである。そのため、一つの活動様式から他のそれへ移ることは困難を感じるけれども、いったん始めた仕事ならば、精力も消耗せず疲労感も覚えずにより長期間続けうるのである。そこで、男性が女性に優越するのは、一つの考えをこつこつと長いあいだ思いめぐらしてしなければならない仕事であり、女性が男性にまさるのは、迅速にしなければならない仕事であるということがわかるであろう。女性の脳髄は男性のそれよりはやく疲労し、はやく消耗する。しかしある程度消耗しても、それが回復するのもまたはやいと考えるべきである。むろんこの推測は全然仮説的なものであることをここにもう一度繰返しておこう。これはただ研究の方向を示唆するだけのことであって、それ以上のことをいおうとするのではない。私は前に、両性の精神的能力の平均の強さあるいは方向になんらかの生来の相違があるとか、まして、その相違が何であるかとかいうことについて定説があるようにいうことの誤りを述べておいた。そういうことはわかるのぞみも少い、けだし、性格の形成にかんする心理学上の法則は、一般問題としてすらほとんど研究されていず、ことに、その研究を特殊な場合に科学的に応用した例が一つもない現状であるから。しかも、性格の相違を生みだすもっとも明らかな外部的原因がつねに無視され――観察者もそれに気がつかず、生物学、心理学双方におけるいま流行の学派の人々も一種尊大な軽蔑をもってそういう点を見くだしている現状であるからである。というのは、これらの学派の人々は、人と人とが相違する主たる原因を物質界に求めるにしても、精神界に求めるにしても、その相違を、社会と人生とにたいする人間の関係の差によって説明しようとする人々を悪くいう点においてすべて一致するという状態であるからである。

四　女性の性質にかんする見解は、なんら思索も分析もせず、ただ手近の一、二の例にもとづいて経験的に帰納された一般論であるにすぎない。それはおかしいほどである。そのためそれについての通俗的な考えは、その国の世論と社会状態とが国内の女性にたいしていかなる程度の発達ないし不発達を与えているかによって異るのである。たとえば東洋人は、女性は生来特別に官能的であるとしていることは、インド人の書いたものの中に、これを理由にして女をはげしく罵っているのをみても分るであろう。イギリス人は通例、女性とは天性冷酷なものだと考える。女の浮気についてとかくの諺はたいていフランスに由来する。かの有名なフランソワ一世（十六世紀のフランス王）の対連句（変り易いは女の心、それを信ずる馬鹿もある）をはじめとして、今も昔もその例がある。イギリスでは女性は男性より貞節であるといわれている。不貞ということは、イギリスではフランスにおけるよりも長いあいだ、女性として恥ずべきことであると考えられてきた。そのうえイギリスの女性は、内心ではフランス女性よりも世論を気にするのである。ついでにいっておきたいが、イギリス人は、すくなくともイギリスにおける経験だけを基礎としては、女性のみならず男性について、あるいは人間全体についてどれがその本性であるかを判断するという場合、きわめて不利な事情のもとにおかれている。というのは、世の中にイギリスほど人間性がその本来の相貌をあらわさないところはないからである。いい意味においても悪い意味においても、イギリス人はいかなる近代人よりもはるかに不自然な状態にある。いいかえれば、彼等はいずれの国民にもまさって文明と紀律との産物であるといえよう。イギリスという国は、社会の紀律が、自己に衝突しがちなものをたとい完全に征服しなかったまでも、これを抑圧することには成功した国である。それゆえイギリス人は他のいずれの国民にもまさって、規則にしたがって行動するばかりか、それにしたがって感情を動かすのである。むろんイギリス以外の国においても、教えこまれた世論、いいかえれば社会の要求がかなり強い力であることはありうるが、そのかげにはつねに個性の躍動があり、しばしば世論に反抗するのである。すなわち、規則が本性より強いことがあっても、その場合にも本性それ自身は失われることはない。これに反してイギリスでは、規則がかなりの程度まで本性の代用をするから、生活の大部分は、規則の支配をうけながらも好みにしたがって営まれるというのではなくて、何の好みももたずただ規則にしたがって営まれている。さて、このことはひどく悪い面ももっているかわり、いい面をもっていることもうたがえないであろう。しかしその結果イギリス人は、自己の経験からして人間性の本来の傾向を判断することがとくに不得手である。ところが、イギリス人以外の観察者がこの問題にかんして犯しがちな誤謬は、これとは違う性格のものである。イギリス人は人間というものの性質を知らない、フランス人はそれについて偏見をもっている。すなわちイギリス人の誤謬は消極的であり、フランス人のそれは積極的である。イギリス人はそんなことは見たことがないからそんなことはないと思い、フランス人はそれをたしかに見たからそれはつねにそして必ずあると考える。イギリス人が人間の性質を知らないのは、それを観察する機会がなかったからである。フランス人は一般にそれをよく知っているが、時としてそれを見誤る、これは迷わされ歪められた考えをもってそれを見るからである。これを要するに、社会によって添加された不自然な状態によって、いまわれわれの観察の主題となっている事柄の自然的傾向は、二つの異った方向に変容されてしまう、すなわち、あるいは本性を消してしまうか、あるいはそれを変形させてしまうかである。前の場合には、研究にあたいするものとして残っているのは、本性のひからびた糟だけである。後者の場合には本性はかなり残っている、そしてそれは自然に成長することはしないで、まがった方向にならどんな方向へでも伸びてゆくのである。

一五　男性と女性とのあいだの精神的な相違のうちでどれだけが自然でありどれだけが自然でないか、またそもそも自然の相違なるものがあるのか、あるいは、不自然な原因をみなとり除いてしまえばどんな自然の性格があらわれるのか、これらはみな今日では何とも決めえない問題であることを、すでに私はしばしば述べた。それゆえ、以下においても、私は自分で不可能だと宣言したことを、あえて説明しようとするつもりはない、けれども、疑問があるからといって、推量してはならないとはいえまい、また確実なことがわからないといっても、ある程度の推定をする手段はあるとおもわれる。まず第一に、現実に認められる相違が何に原因するか、それはいちばん思索しやすい問題のようである。それで私は、目的に達する唯一の道によって——すなわち外界が精神におよぼす影響を研究することによって——この問題に近づこうと思う。われわれは人間の本来の性質はどんなものであるかを実験的にたしかめるために、その人間を周囲の環境からきり離すことはできない。われわれの考えうることは、彼がどんな人間であるか、彼の環境はどんなものであったか、そしてこの環境はこの人間をつくることができたかどうか、そういうことだけである。

一六　それでは、体力というたんに生理的なものはしばらくおいて、女性が男性にくらべてあきらかに劣っているといわれる唯一の著しい例をあげよう。すなわち、哲学、科学、芸術において第一流に位する資格のある作品のうちに、一つとして女性の手に成ったものはなかった。女性は天性これらのものを生みだす能力がないと考える以外に、このことを説明する方法は何かないだろうか。

一七　まず最初に、帰納法によってこのような結論を引きだしうるほど、それほど十分な経験を、われわれは積んできたかどうか。非常にまれな例外は別として、女性がその才能を哲学、科学および芸術の方面に試みようとするようになったのは、わずか二、三世代以来のことであり、しかもその数がふえてきたのはようやく当代である。いな、英仏二国を除いては、現在でもなおその数はきわめて少いといわなければならない。つぎに、これに関連して考えなければならない問題は、この短い期間のうちに、趣味においても個人的地位においてもその仕事に一生を捧げることができるような女性のあいだから、思索や創作において第一流となるのに必要な素質をもった精神が、たんに機会を計算しただけでもはたして出て来るものか、ということである。ともかくもそういう時間があったすべてのことにおいて——最高級に優秀な仕事を別とすればすべてのことにおいて、とくに女性がもっとも長い間やってきた文学（詩と散文）において——女性は、期間の長さや競争者の数からみてしかるべきほどに多くのことをなしとげたし、立派な褒賞をも数多く獲得したのである。いま、女性でこの種のことをしたものがほとんどなかったような昔にさかのぼってみても、やはりそのわずかな女性のうちの何人かは抜群の成功を示していた。ギリシャ人はつねにサッフォ（紀元前六世紀のギリシャの閨秀抒情詩人）をその国の大詩人の一人に数えた。またピンダロス（紀元前六世紀から五世紀にかけてのギリシャ最大の抒情詩人）の師といわれたミルチスと、ピンダロスに五度まで勝利をえて詩人賞を獲得したコリンナ（紀元前六世紀後半のギリシャの閨秀抒情詩人）とは、すくなくともピンダロスの偉大な名と並び称せられるだけの価値を十分もつものといわなければならない。アスパシア（紀元前五世紀において才色兼備の女性としてアテネの社交の中心でありペリクレスの妻であった。）はなんら哲学上の著作を残さなかったが、ソクラテスが教えを乞うためにしばしば彼女のもとへ通ったこと、そして事実その教えを受けたことをみずから認めたことは人の知るところである。

一八　近世における女性の作品をとってこれを男性の作品と比較すると、文学の方面においても芸術の方面においても女性が男性に劣ると認められるような点は、本質的にただ一つのことに帰する。そしてそれはもっとも重要なこと――独創力の欠乏ということに帰する。といっても、全然それがないというのではない。というのは、多少とも実質的価値を有する精神の生みだした作品は、すべてそれに固有の独創力をもつものであるから――それはその精神自体の着想であって、他物の模倣ではないからである。それゆえ、借りものでないという意味における独創的な思想――思索家自身の観察ないし思索からひきだされた思想――は、女性の著作のなかにも豊富にみられるのである。しかし女性は、これまでのところ、思想界に一紀元を画するほど偉大な光輝ある新思想を生みだしたことはない、また女性は、これまで考えもおよばなかったような効果を予想させたり、新しい流派を建設したりするほどに、芸術上根本的に新しい着想を生みだしたこともない。いいかえれば、彼等の構想はたいてい既存の思想を基礎となし、彼等の創作は現存の型からあまり変っていないものである。これが女性の作品の劣る唯一の点であって、その他の点では、筆の運びかたにおいても、思想の細かい表現の仕方においても、文体の練りかたにおいても、少しの遜色もない。構成や細部の取扱い方やにおいて、もっともすぐれた小説家はおおかた女性であった。近代文学においてスタール夫人（フランス革命当時の女流作家、大蔵大臣ネッケルの娘）の文体ほど流暢な思想を盛るに適したものはなく、また純粋に芸術的な傑作の見本としてはサンド夫人（十九世紀中葉のフランスのロマン派小説家）の散文にまさるものはないのであって、彼女の文体はハイドンやモツアルトの交響曲のように読者の神経系統に作用するのである。すでに述べたように、女性は、着想における偉大な独創力に乏しい。では、この欠点を説明しうる方法があるか、次にそれを吟味しようと思う。

一九　世界始まって以来文化が発達の途上にあった時代においては、思想そのものにかんするかぎり、なんら予備的な研究や知識の集積がなくても、天才の才だけで、偉大で効果的な真理を新しく発見することができたのであった。ところが、まさにその時代全体を通じて、女性が全然思索に関係しなかったということ、これは忘れられてはならない事実である。ヒパティア（四世紀より五世紀のはじめにかけてのアレキサンドリアの女流哲学者、新プラトン学派）の時代より宗教改革の時代にいたるまで、そのような偉業をなす可能性のあった唯一の女性は、あの有名なエロイーズ（十二世紀の神学者アベラールの弟子にして愛人、のち妻、美文家であり哲学者であった。）であった。しかし彼女の一生が不幸であったために、彼女のうちにあった思索力のいかに多くが人類から失われたかははかりしれないものがある。その後相当数の女性が真面目な思索を練るようになったが、独創力なるものはそう簡単には生まれなかった。たんなる創意力だけでえられるような思想は、たいてい考えつくされてしまっている。そしてほんとうの独創力といわれるほどのものは、いまでは、精密な訓練を経、過去の思索の成果に深く精通した人でなければ、とても達しえられない。たしかモーリス氏（一八〇五―一八七二、フレデリック・デニソン・モーリスのことであろう。彼はイギリスの神学者であり、キリスト教社会主義の建設者であった。）であったと思うが、彼は現代を論ずるにあたって、現代におけるもっとも独創的な思想家とは先人の思想を十分に知りつくした人のことであるといった。これは将来にわたってつねに真であろう。大きい建物にあらたに一石を加える場合には、その一石は、すでに積み重ねられた無数の石の上におかれなければならぬ。そこで、長い期間をかけてそれをよじ登ったり、材料を運びあげたりする仕事をやらないでは、そこまで進んだ仕事にあらたに加わろうとする人の志ははたされない。ところが、そのような仕事をした女性がはたして何人あろうか。サマヴィル夫人（一七八〇―一八七二スコットランドの数学者、自然科学者）は、重要な数学上の発見をするのに必要とされる数学的素養をもった現在唯一の女性であるといえるであろう、といって、彼女が、たまたま一生のあいだに、数学のめざましい進歩に貢献した二、三の人の一人たりえなかったとしても、それが女性の男性に劣る証拠になるであろうか。また経済学が一つの科学として成立してよりこのかた、二人の女性が、それを主題にして有益なものを書きうるほどにこの学問を研究した。その間、その問題について論文を書いた男性は無数である、が、このうちはたして何人が右の女性以上のことをしたといいうるであろうか。従来女性は大歴史家たりえなかったが、それではどの女性がそれに必要な学識を有したであろうか。大言語学者となった女性はないが、といって、どんな女性が梵語やスラヴ語を学び、ウルフィラス（四世紀のゴート人聖職者、旧約聖書を七十人訳から、新約聖書をギリシャ語原典から翻訳した。）のゴート語を学び、ゼンドアヴェスタ（ゾロアスター教の聖典）のペルシャ語を学んだというのであろう。実際的な事柄においてすら、教育のない天才の独創力がいかに価値のないものであるかを、われわれは皆知っている。それは、多くの発明家が順々に発明し改良したものを、今一度その端緒の形で発明することにすぎない。それゆえすべての男性がすぐれて独創的となるのに必要な準備教育が、女性にも同様にあたえられるようになったならば、その時はじめて女性の独創能力を経験によって判断することができるであろう。

三〇　ある問題にかんする他人の思想をひろく精密に研究したことのない人が、天性の聡明さによって立派な直観的知識をもつということは、たしかによくあることである。しかもその直観的知識たるや、彼は暗示することはできるが論証することはできない、が、それを十分に仕上げれば、人類の知識にたいする重要な貢献となるに相違ないというようなものである。しかしその場合であっても、十分の素養をもっている誰かがこれをとりあげて、それを吟味し、それに科学的ないし実際的な形式をあたえ、それを哲学あるいは科学の現存真理のなかに適当に位置づけるまでは、それにたいする公正な評価は与えられない。ところで、こんなうまい考えが女性に浮んで来るはずはないと考えられているのであろうか。だが実は、そういう考えは知的な女性には無数に浮んでくるものである。ただそれらを適当に評価し世間に紹介するだけの知識をもった夫や友人がないために、せっかくの考えも失われてしまうことが多いのである。またたといそれらが世間に紹介されたとしても、それらは紹介者自身の思想のごとく装われるのが普通で、真の創案者のものとはされない。男性の著作家によって出版される独創的な思想のうち、実は女性の暗示にもとづいたもので、男性はただそれを立証し構成したにすぎないものがどれほど多いか、それを知っている人はない。それを私自身の経験から判断してみるならば、男性の思想の非常に大きな部分がいま述べたようなものであると思うのである。

三　いま純粋な思索の世界から去って狭義の文学と芸術との方面をみるならば、女性の文学が、その総体的な着想において、またその主要特徴において、なにゆえ男性の文学の模倣であるかということの理由があきらかにみられる。批評家がいいふるしたことであるが、なぜローマ文学は独創的ではなくしてギリシャ文学の模倣にすぎないのであろうか。その理由は、ただギリシャ人が最初に出現したということにすぎない。それと同様に、もし女性が男性とちがった国に住んで、男性の書いたものを一切読んだことがないとしたならば、女性はかならずや女性独特の文学をもっていたであろう。ところが現状はそうではなく、すでに高度に進んだ文学が創られていたので、女性はみずからの文学を創造することはしなかったのである。古代の知識が中絶することがなく、あるいは文芸復興がそれより前におこったとするならば、かのゴシック式の殿堂はけっして建築されなかったであろう。またフランスとイタリーとにおいては、固有の文学が発達をはじめた後でさえ、古代文学の模倣がやまなかったので、それがかえってその創意的発達を阻害したことはわれわれの知るとおりである。そのように、すべての女流の作家は男性の大作家の弟子である。画家の初期の絵は、たとい彼が将来ラファエルのような大家になろうとも、型においてその師の作品と区別がつかない。モツアルトのような大作曲家でさえ、その初期の作品においては彼の偉大な独創力を発揮してはいないのである。幾年かの年月が才能ある個人にとって必要であるように、才能ある集団にとっては幾代かの時代の経過が必要である。もし女性の文学が男女両性の自然の傾向の相違にもとづいて、男性の文学と異る集団的性格をもつにいたる運命にあるならば、それがみずから受けいれた模範の影響を脱し、みずからの衝動にもとづいて進みうるようになるまでには、いままでよりもさらに長い年月を必要とするであろう。しかし、もし私の信じるように、女性の天稟を男性のそれと区別するところの女性に共通な自然的傾向なるものは一つとしてないということになっても、なお一人一人の女流作家はそれぞれ独自の傾向を有するであろうが、その傾向は現在のところ、いまだに先例や模範やの影響に圧服されているのである。それゆえ彼等の個性が十分に発達して、この影響に反して前進するようになるためには、なお数代を要するものといわなければならない。

三　女性の独創力が劣るという事実が一見したところもっとも強くあらわれているのは、いわゆる芸術においてである。なぜかというと、世論（そういっても差支えないであろう）は、この部門から女性を閉めだささないどころかかえってこれを奨励している、また女性の教育もこの方面を閑却せず、富裕な階級においては主としてこれに力をそそいでいるほどである。それにもかかわらず、この方面においては、他の方面にもまして、男性と同じような最高の輝かしい地位にまで達した女性がみられないからなのである。この欠点は、しかし、芸術においてはより一般的に真理であると考えられるきわめて平凡な事実をもって説明することができる——すなわち、素人はとうてい専門家にはかなわない、ということである。知識階級の女性はほとんど皆多少なりともなにか一つの芸術を教えこまれているが、それは、生計をたてるためでも、社会的にえらくなるためでもない。それゆえ女性の芸術家はみな素人である。それに例外があれば、それは前述の一般的真理を強める種類のものにほかならない。女性は音楽を教えられる、しかしそれは作曲をするためではなくて、演奏するためである。したがって男性が音楽において女性にすぐれるのは、ただ作曲家としてのみである。いかなる程度にせよ、女性が職業としてまた一生の仕事として従事する唯一の芸術は演劇であるが、そこでは、女性は男性にまさるとはいえなくても、あきらかに同等の地位を占めている。比較を公平にしようと思うならば、芸術のいずれかの部門における女性の作品と、それを職業としていない男性の作品とを比較しなければならない。たとえば音楽の作曲においては、女性はたしかに素人の男性が作曲したものにひけをとらないほどの立派な曲を作っている。近来職業として絵を描く女性が少数、ごく少数あらわれたが、これらの女性はすでに期待にそむかない才能を十分示しはじめた。男性の画家でさえ（ラスキン氏には失礼ながら）（ラスキンは同時代のターナーを世界最大の画家とし、「近代画家論」で彼を讃美した。）この二、三世紀のあいだとくに異彩をはなったものはなかったし、将来においても急にそれが出現するとは思えない。古の画匠が近代の画家にくらべていちじるしく優れていたのはなぜかというと、古においては非常に卓越した人々がもっぱら芸術の面に従事したからなのである。十四、五世紀においては、イタリーの画家は当時におけるもっとも教養ある人物であった。そのもっとも偉大なるものは、ギリシャの偉人達のように、百科にわたる学識と能力とを有していたのである。当時における芸術は、人々の感情にとっても観念にとっても、人間の志すべきもっとも崇高な事柄の一とされていた、人はちょうど今日の政治上軍事上の殊勲者の場合と同じように、芸術に従事することによって君主の相手役とされ、最高の貴族と同列におかれた。しかるに現代においては同じ才能をもつほどの人ならば、その名声をあげ世の中に貢献するためには、絵画よりももっと肝要な仕事を選ぶようになった。そして、レイノルズ（一七二三—九二、イギリスの肖像画家）やターナー（一七七五—一八五一、イギリスの風景画家）のような人（彼等が偉人のあいだに占める地位について、私はけっして特別の異論を立てようとは思わない）が絵画にその心血をそそぐことは非常にまれである。これに反して、音楽は異った部類に属している。すなわち音楽は絵画とおなじ一般的な精神能力を必要とせず、絵画よりも天分に負うところが多い。それでも大作曲家のうちに女性が一人もなかったというのは、驚くべきことと思われるだろう。しかしこの天分といえども、偉大な創作をする際に用いられるためには、研究と、仕事にたいする専門的な献身とを必要とするのである。第一流の作曲家をだした国は、男性についてみてもわずかにドイツとイタリーとであるが——それらの国においては、女性は一般に（誇張でなく）ほとんど教育されないといってよく、高等な精神能力はどれ一つとして養成されることがなかったので、特殊的教養の点においても一般的教養の点においても、フランスやイギリスよりはるかにおくれた状態にあったのである。このようにして、これらの国においては、作曲法を心得ている男性は何百人、いなおそらくは何千人といるにちがいないのにたいして、女性はわずかに何十人というにすぎない。それゆえ、ここでふたたび平均の原理によって考えれば、五十人のすぐれた男性にたいして一人以上のすぐれた女性を求めることはそれ自体無理である。しかも最近の三世紀をつうじて、ドイツもイタリーも、すぐれた男性の作曲家を五十人とは出さなかったのである。

三　両性に開放されている仕事においてすら、女性が何故男性におよばないかを説明する理由は、以上述べたもののほかに、まだいくつかある。それはまず第一に、女性にはそういう仕事をしているひまがほとんどないということである。これは逆説めいてきこえるかもしれないが、しかし疑いのない社会的事実である。女性はその時間と思慮とを用いて、何よりもさきに日常の事柄を処理しなければならない。第一には家庭と家計との管理であって、これにたいしては各家庭においてすくなくとも一人の女性が必要であり、しかも通常それには相当の年齢に達し経験もゆたかなものがあたるのである。もっとも非常に富裕な家庭ならば、代理人を傭ってこの仕事を委せてもよいであろうが、そのかわりそういう管理法にともなう浪費や不正は甘んじて受けなければならない。もともと世帯の管理というものは、ほかの点ではそれほど労力を要しない場合でも、非常に過重な思慮を必要とするものなのである。それは不断の注意、すなわちどんなこまかいことも見逃さない眼を必要とするばかりでなく、まえもって予想していた問題やあるいはまったく予想もしなかった問題が二六時中おこってくるのにたいして、それを一々考慮し解決することを必要とするから、これに責任をもつものはまったく一分の暇もない。ある程度そんなことはしないでもすむ地位と境遇とにある女性となれば、今度は、家庭の全員のために他の家庭との交際一切の処理を引受けなければならない。これがいわゆる社交であって、彼女が遂行すべき家庭内の雑務が少くなればなるほど、これの占める部分は大きくなるのが常である。それは、午餐会、音楽会、晩餐会、朝の訪問、手紙のやりとり、その他これに関連したことすべてである。こんなことまでが、女性の専心没頭しなければならない義務、すなわち社会がもっぱら女性にのみ課している魅力的にふるまうべき義務に、かてて加えて課せられるのである。上流階級の利口な女性は、振舞の優雅さや会話の技術をみがくためにはほとんど全才能をつくす。この問題をたんに表面的にとりあげよう、相当な服装を整えることに興味をもつ（けっして金目の服装をするという意味ではなく、趣味のある、そして自然的人為的な節度をはずさない服装をするという意味において）

女性は、自分の衣裳や娘のそれにたいして、深い注意をつねに怠らないものであるが、その注意というのは、芸術や科学や文学にむけられれば、それだけでもかなりの成果をえるのに役立ちうるはずのものである、ところが現実には、直接それらのことに費されるべき時間と精神力とが、むなしく使い果たされているという結果におちいっている。（註）いまかりに、女性がこんな数多くのつまらない日常の仕事（女性にとっては大したことであるが）をしても、なお芸術や思索に捧げうる十分の余暇を、あるいは十分な心の精力と自由とを持つことができるとしたならば、女性はかならずや大多数の男性よりもずっとゆたかな独創性をもって、その積極的な能力を働かせうるに相違ない。このほかにも考えなければならないことがある。それは、女性の役目となっている日常の規則的な仕事とは無関係に、女性の時間と能力とはあらゆる人がつねに自由に使ってもよいものだと考えられているということである。男性ならば、このような要求を斥ける口実となるような専門的職業に従事していない場合でも、なお何か仕事をしているならば、その仕事に全時間を捧げているからといって、誰も立腹はしないのである。すなわち、仕事をしているということ自体が、彼にたいする不時の要求には応じなくてもよいという立派な口実となるのである。それでは女性が仕事をしている場合、とくに自分のすきでそれをやっている場合に、それが社会の要求と称せられているものをやらないですむ口実となるであろうか。いな、彼女がまずしなければならない、そして皆からも認められている義務ですら、ほとんどこの場合の口実とはならない。彼女が他人の楽しみを後まわしにして自分の仕事をさきにすることができるのは、家庭に病人がでたか、あるいはなにか異常の出来事がもち上った場合だけである。このように、彼女はつねに誰かの、ひろくは誰でもの命令に唯々として従わなければならない。それゆえ、もし彼女が研究や仕事をもっているならば、偶然にできるわずかの暇々をぬすんで利用するしかないのである。ある有名な女性が、その著作のなかで――それが近く出版されることを私はまちのぞんでいる――女性のすることはみな半端な時間になされたものだといっているのはまことに真であろう。はたしてそうであるならば、不断の注意を必要とし、かつ生涯の関心の大半を集中しなければならないような事柄において、女性が最高の栄誉を担いえないとしても何の不思議があろうか。哲学とはそういう事柄である。とりわけ芸術はそういうものである。こういう仕事には思想と感情とのすべてを捧げる必要があるばかりでなく、高度の熟練をえるためには、その手もつねに練習を怠ってはならないのである。

（註）「装飾術においても、『真』を得ること、あるいはなにが正しいかを適確に知ることは、芸術のより確固たる原則の場合と同様の心の正しい持方によってできることであると思われる。というのは、それは芸術にくらべれば小さい円の中心ではあるが、やはり同じく完成した中心をもつからである。――これをたとえば趣味のいいのも悪いのもふくめて服装の流行ということによって説明するならば、服装の構成部分はたえず大きいものは小さいものへ、短いものは長いものへと変化するが、大体の形は依然としてそのままである。すなわちそれは、非常に微妙な基礎の上にではあるが、その上に比較的固定している大体の形の同じ服装なのである。しかしこの上にこそ流行は基礎をおくのである。服装を考案して成功を博する人、あるいは趣味のいい服装をする人は、その叡智を、より高い目的に用いるならば、芸術の最高の仕事においてもおそらくは同じ熟練を発見し、同じ正しい趣味を作り上げるであろう。」――ジョシュア・レイノルズ卿、「論文集」第七講。

一四　以上のことに加えて、もう一つ考えなければならないことがある。種々の芸術や知的な職業においては、それによって生計を立てようとすればある程度まで上達しなければならず、さらにその名を不朽にするような傑作を残そうと思えばいっそう高い程度にまで上達しなければならない。たんに前者の程度まで上達することにたいしても、職業としてその仕事に従事するものの立場からいえばそれ相当の動因があるが、後者の程度にまで上達することは、はげしい功名心をもつものか、あるいは一生のうちある時期にその心を起したことのあるものでなければ到底できないことである。たとい偉大な天分に恵まれていても、すでに最高の天才による見事な傑作が数多く残されている仕事において、自分もまたぬきんでようとするためには、長い期間耐えがたい苦行を重ねてゆかなければならないのであるが、その場合の刺戟剤としては、ふつうこの功名心にまさるものはないのである。ところが女性は、その原因が自然のものであるか人為的なものであるかは別として、名声にたいするこのような執着をほとんど示さない。女性の野心は一般にずっと狭い範囲にかぎられる。彼女が勢力をもちたいと思うのは、直接その周囲にある人々にたいしてだけである。彼女の希望は、自分の眼でみる人々によって好かれ、愛され、讃美されることである。そしてこの目的をみたしうるだけの知識や芸術や才芸に上達すれば、それで満足するのがふつうである。これは女性の性格の一特徴であって、現在の女性を判断する場合に忘れてはならないことである。むろん私は、これが女性の天性であるとはまったく信じない。これは女性の境遇のしからしめる結果にすぎない。ところで男性においては、功名心は教育と世論の力をもってあおりたてられている。功名心のために、「喜びをあざけり、刻苦の日を重ねる」（ミルトンの「リシダス」中の句）ということは、たとい「最大の弱点」といわれるにしろ、「気高い心」の一面であるとされる、しかもそれは、名声さええられれば、女性の愛情までふくめてあらゆる野望の対象が手にはいるという事実によって、ますます刺戟されている。しかるに女性にたいしては、このような対象はすべて禁止され、功名心をもつことすら向うみずで女らしくないとされる。そのうえ、女性は彼女が日常接触する人々にたいしてのみあらゆる義務を負うべきだと社会が定め、女性のあらゆる楽しみはそういう人々の心次第であると定めているからには、そういう人々にどんな印象をあたえるかが彼女の関心の的とならないでいいということがありえようか。他人から尊重されたいという自然の欲望は女性においても男性となんの変るところはないけれども、女性が世間的な名声を博するのは、ふつうその夫や親戚の男性の名声をつうじての場合にかぎるように社会が定めているのである。そして、他方において、女性が個人的に名声を得ることは、彼女自身を個人として顕著なものとするという理由で、あるいは男性の附属物たる性格以外のものを示すことになるという理由ですべて禁止されている。家庭や社会におけるすべての地位と生活上のあらゆる習慣とが人心にどれほどの影響をおよぼすものであるかをすこしでも知っているものならば、その影響こそ、女性の劣等を意味する相違をも全部ふくめて、男性と女性との間におけるほとんどすべての明白な相違を完全に説明するものであることを、容易に認めるにちがいない。

云　知的相違と対立する意味における道徳的相違についてみるならば、ふつう考えられる相違点は女性にとって有利である。すなわち女性は男性にくらべて道徳的に善いとされている。しかしこれは無意味な讃辞である、きかぬ気の女性ならば苦笑を禁じえないところであろう。というのは、善い人間が悪い人間に服従するのが既定の秩序であって、それがまたまったく自然で適当であるとされるようなことは、人生において他にその例をみないからである。こんな馬鹿話は何の役にも立たないが、もしそれが何かの役に立つとすれば、それは男性の権力が悪影響をあたえていることを男性に承認させるよすがとなるくらいのことである。というのは、これこその事実――かりに事実だとすれば――が証明または説明する唯一の真理だからである。しかも次のことはたしかに真理である。すなわち、非常に残忍な場合をのぞけば、奴隷的服従関係というものは主人にも奴隷にも有害なものであるが、その程度は奴隷よりも主人にたいしていっそうはなはだしい。道徳的な性質にとっては、たとい専横な権力であっても、それによって束縛されているほうがそれを無制限に行使してもよいとされるより有益である。女性は刑法にふれることが少いといわれる――すなわち、罪人統計にでてくる女性犯罪者の数は男性のそれよりもはるかに少い。同じことは黒人の奴隷についてもたしかにいいうるであろう。他人の支配下にある人間は、主人に命令されて主人のためにする場合を除いてはめったに罪をおかすものではない。要するに、学者達もふくめて一般に世の人々が、社会的環境の影響をすべて無視し看過して、女性の知性をおろかにも軽蔑し、しかもその道徳性をおろかにも賞讃していることほどにいちじるしい無知の例を私は知らないのである。

二六　女性は道徳的にすぐれて善であるという讃辞は、女性は非常に道徳的偏見におちいりやすいという非難と一対をなすものといってもいいであろう。女性は個人的な好悪の感情を抑えることができないために、重大事件についての判断は同情や反感によってゆがめられたものになるといわれる。いまかりにそれが真実であるとしても、女性がその個人的感情のためにあやまるほうが、男性がその個人的利害関係のためにあやまるよりも多いかどうかは、別に証明を要する問題である。この場合主要な相違は、男性は自己の利益のために義務にそむいたり公益に反したりするのにたいして、女性は(自分自身の私的な関心をもつことが許されていないから)、誰かほかの人の利益のためにそれをするということであろう。また次のことも考えなければならない。すなわち女性が社会からうけるすべての教育は、女性は自分に関係する個々人にたいしてのみ義務を負えばいい――その人々の利益のみを計ってやればいいという感情を教えこむものである。他方、教育にかんするかぎり、女性は、より広い利害関係やより高い道徳的目的を理解し関心をもとうとしても、その前提となるべき初等の観念すら教えられていない有様である。それゆえ女性にたいするこの非難は、けっきょく女性が教えられた唯一の義務、そしてその実行を許されたほとんどただ一つの義務をあまりにも忠実に履行するということに帰着するのである。

二七　特権階級が非特権階級に譲歩をするのは、ただ非特権階級がその譲歩を強制するに足る力をもつにいたったという動機から出るにすぎないのであって、ほかに動機があるわけではない。それゆえ男性の特権を攻撃する議論も、女性がそれについて不平をこぼさないあいだは世人の注意をひくことはなかなかむつかしい。そこで男性は、なおしばらくはその不当な特権を維持することができるであろうが、といって、そのためけっしてその不当さが減じるというわけではない。これとまったく同じことが東洋の国の後宮の女性についてもいえるであろう。すなわち、彼等はヨーロッパの女性のような自由をあたえられてはいないのに、その不平を少しもいわない。それどころか、彼等は、ヨーロッパの女性は我慢のならないほど大胆で女らしくないと思っている。それ男性でさえ、社会の一般秩序について不平をいうものは非常に少い。彼等にして、どこかほかの国に存在する異った社会秩序を知らないとしたならば、そのような不平はもっと少くなるであろう。女性は女性に共通の運命について不平をこぼさない。いなむしろこぼすのであろう、というのは、女性の運命をなげく挽歌が女性の作品中に非常に多くみられるからであり、その悲歎がなんらか実際的な目的をもつものと考えられなかったあいだは、いっそうそうであった。女性の不平は、男性が人生にたいする漠然とした不満について洩らす不平と同じようなもので、誰を責めるわけでもなく、変化を主張するわけでもない。しかし女性は、夫一般のもつ権力に不平をいわないとしても、めいめい自分の夫のことをこぼし、あるいは自分の友達の夫の不平をいうのである。あらゆる隷属関係において、少くともその解放運動の初期においては、これはかならず見られることである。農奴は最初からその領主の権力に不満をもったわけではなく、ただその虐政を憎んだだけであった。また、市民もはじめはほんの二、三の市政上の特権を要求しただけであった、ついで彼等は市民の同意がなくては税を徴収しえないようにしてほしいという要求をした。しかし、当時彼等は、国王の統治権への参与を要求するなどということは、僭越至極のことだと考えたに相違ない。女性の場合、彼女がすでに確立した支配に反抗することは、その昔臣下が王にたいして反抗する権利を要求したときと同じ眼をもって見られる。こんなことは現在他に例をみない。それゆえ、夫の不賛成な運動に参加する女性は、殉教者とならなければならないのであるが、もちろん使徒となることはできない。なぜならば、夫は、法律上妻が使徒となることを禁止しうるからである。相当数の男性がこの事業に参加する覚悟をきめないうちは、女性は、一身を女性の解放に捧げえないであろう。

第四章

一　これまで論じてきた諸問題にくらべてまさるとも劣らない重要な問題が、ここに一つ残っている。それは、反対論者が、この問題の中心点について多少確信を失いはじめたのちでも、なお執念深く提出してくる疑問である。すなわち、現在の慣習と制度とを変更することによってどんな利益が生じるのか。女性を解放したならば、人類の状態はいくらかでもよくなるのか。もしそうでないならば、何のために抽象的な権利の名において女性の心を動揺させ、社会革命を招来しようとするのであるか。

二　結婚した女性のおかれている状態を改善しようという場合には、このような疑問はほとんどおこりえないであろう。一人一人の女性が一人一人の男性に従属していることから、数えきれないほど多くの場合におこってくる苦悩、不道徳、あらゆる種類の害悪は、到底見逃しがたいほどに恐るべきものである。思慮のない人や不公平な人は、極端な場合や世間に知れわたった場合だけを勘定にいれて、そのような害悪はただ例外的なものにすぎないというかもしれない。しかし誰でも、そのような害悪の存在すること、しかも多くの場合それがはなはだしいことを悟らずにはいられないのである。また権力の濫用は、その権力が存在するかぎり阻止しがたいということも、きわめて明白である。この権力は、善良な男性または礼儀正しい男性だけにあたえられるものではなく、すべての男性に、そのもっとも獣的なものにも、またもっとも凶悪なものにもひとしくあたえられる、いな、提供される権力なのである。これを阻止するものはただ世論だけであるが、こんな男性の耳には、彼等と同類の男性の世論だけしか達しないのがふつうである。そのような男性が、夫のすることについてはどんなことでも耐え忍べと法律が強制している一個の人間にたいして、残虐な圧制をしないようであったならば、社会は、とうの昔にこの世の天国となっていたにちがいない。そうなれば、男性の悪い性癖をためるために法律をおく必要はむろんない。女神アストライア（ギリシャ神話の正義の女神で、黄金時代の終りに、最後に人類から去った。）も地上に戻り、もっとも悪い人間の胸にも宿ったはずである。結婚における奴隷的隷属関係を認める法律は、近代社会のあらゆる原則にたいする驚くべき矛盾であるばかりか、これらの原則を樹立するために長いあいだ苦しみぬいた人類の経験のすべてにたいする矛盾でもある。黒人の奴隷制度がすでに廃止された今日においては、これこそ、あらゆる才能に恵まれた一個の人間が、自分の運命をもう一人の人間の思いのままにまかせておき、しかもこの人間はかならずその権力を彼に隷属している人間のためにもっぱら使うであろうといった希望を大まじめにもって暮している唯一の例である。結婚こそ、イギリスの法律におけるただ一つの現実的奴隷制度である。各家庭の主婦をのぞいては、現在はもはやどこにも法律上の奴隷はない。

三　こう考えると、「誰のために」という疑問が発せられそうなのは以上の点についてではない。この点にかんしては、利益より弊害が多いのではないかという人があるかもしれないが、いずれにしても、現に利益があるということは争えない。しかし、さらに範囲のひろい問題、すなわち女性の無能力を除去すること――市民としてのあらゆる権利において女性が男性と同等であることを認めること――すべての名誉ある職務を女性にも開放し、それに必要な訓練と教育とを女性にもあたえること――こういう問題については、ただ男女間の不平等には、正当な、ないしは道理にかなった弁護の余地はまったくないといっただけでは、多くの人は得心しない。彼等は、この不平等を廃止したらどういうはっきりした利益がえられるか、その説明を聞こうと要求するのである。

四　これにたいして、私はまず、あらゆる人間関係のうちでもっとも普遍的におこなわれているこの関係が、不正義によってではなく、正義によって規制されるようになるという利益をあげたい。これが人間の本性にどれほど大きな利益をもたらすかということは、ただむきだしにそういえばよい、そうすれば、言葉に道徳的意味を附する人なら誰でもはっきり判ることであって、それ以上くだくだしく説明したり例証したりする必要はないであろう。人類社会に存する利己的な傾向、自己崇拝、不当な身びいきは、すべてその源を、男女両性の関係を規制する現在の制度に発し、主としてこれによって助長されたものである。一人の少年にとって、次のようなことがどんな影響をもつものであるか考えてみるがよい。すなわち、なんの実力もなくなんの努力をしなくても、たとい人間のなかでもっとも軽薄空虚で、もっとも無知愚鈍であっても、ただ男性に生れついたというだけの事実をもって、人類の半ばをしめる女性のすべてより、そしてその誰よりも当然にすぐれているという信念のもとに成人するということ。その女性のなかには、彼が毎日毎時間自分よりもたしかに優れていると感じないではいられないような女性も含まれるであろう。ところで、行動にあたって、彼がつねに女性の指導をあおぐという場合もあろう、そういう場合でさえ、もし彼が馬鹿ならば、その女性は才能においても判断力においても自分と同等でないし、また同等たりえないのだと考えるにちがいない。またもし、彼が馬鹿でないならば、彼のやることはもっと悪い――彼は、彼女が自分より優れていることはわかる、にもかかわらず、彼には命令する権利があり、彼女には服従する義務があると信じる。こういう教訓が彼の性格におよぼす影響はどうであろう。しかも、この影響がほとんどの男性の心にいかに深くしみこんでいるかを、知識階級の男性で知らないものが少くない。なぜならば、正しい心をもった育ちのよい人々のあいだでは、この不平等の事実はなるべく目のとどかないところにおかれ、ことに子供達にはみせないようにしてあるからである。男の子は母親にも父親にたいするのと同じように服従しなくてはならない。彼はその姉妹に威張りちらすことは許されない、また彼は、その姉妹が自分より後まわしにされないで、むしろさきにされていることをいつも見ている。すなわち、騎士道精神という代償が表面にだされ、そういう代償を必要とする隷属関係そのものはかげに隠されている。このようにして、上流階級のよくしつけられた青年は、少年時代にはしばしばこういう事態の悪影響をまぬかれるのであるが、成人して現実に存在する諸事実の影響をうけるにいたって、はじめてこれを体験するようになる。このような人々はあまり知らないことだが、これとちがった環境で大きくなった少年は、はやくから自分は女の子よりも生れつき優れているという考えをいだくようになるのである。この考えは、その少年が成長するにつれて成長し、彼が強くなるにつれていよいよ強くなる。そして一人の学童から他の学童へと伝播してゆくのである。彼が青年になると、はやくも自分は母親よりえらいと考えるようになり、母親にたいしては辛抱しなくてはならないとは考えるが、心から尊敬はしない。そして、一生の伴侶たるべき光栄をあたえてやった女性にたいしては、彼は、なかんずく、崇高な、サルタンのような優越感をもつのである。こんな考え方が、個人としてまた社会人としての男性の生活態度を誤らせないといえるだろうか。これは、世襲的君主が君主として生まれたからといって、あるいは貴族が貴族として生まれたからといって、自分は他のものより優れていると考えるのとまったく同様である。この意味において、夫と妻の関係は領主と家来の関係によく似ている、ただ妻は、家来よりもさらに無制限な服従を強いられるだけである。家来の性格は、領主に従属することによってよかれあしかれ影響をうけたに相違ないが、それはともかくとして、領主の性格がその結果非常に悪くなったということは誰も疑わないであろう。この場合領主が、家来のほうが実は自分よりも優れていると信じるようになったとしても、あるいは、家来は自分と同等だが、ただ自分がフィガロ（ボーマルシェ作「セヴィラの理髪師」および「フィガロの結婚」に登場する人物）のいったように生まれるというだけの労をとったために、自身にはなんの功績も労苦もなくて、彼等を支配する地位におかれたと感じるようになったとしても、領主の性格が悪くなることは同じである。このような帝王や領主の自己崇拝にまさに匹敵するのが男性の自己崇拝である。人間というものは、幼いときから労せずしてえた栄誉をもっていると、成長するにつれてかならずそれを自慢したくなるものである。自分の功績によってえたのではなく、したがってその功績に不相応とみずから感じるような特権をもつ者が、それによってますます謙遜の念を深めることは、いつの世にも非常に少い、ほんの少数の立派な人だけである。その他の人人は、これによって、ただ自負の念を高めるだけである。しかもそれは、自分で努力してえたのではない、偶然にころがりこんだ利益を自慢するという、もっとも悪性の自負である。とりわけ女性全体にたいしてもっている優越感が、そのうちの一人にたいする個人的な威信と結びついた場合、その性格の特徴として良心と愛情とをもっている人々にとっては、こういう状態は良心と愛情にみちた寛容の学校となるであろうが、そうでない人々にとっては、それは、尊大と傲慢とを仕込むために常時組織されている学園ないし練成所となるであろう。そういう悪徳は、同輩の男性との交際においてかならず反抗にあって抑制されるならば、こういう悪徳をあくまで忍ばなければならない地位にあるすべての女性にむかって発散される、すなわち、他所ではやむをえず抑制される代償として、不幸な妻にたいして腹いせをすることになるのである。

五　以上のべたような実例やわれわれの感情にほどこされる教育は、家庭生活の基礎を社会的正義の大原則に反するような関係のうえにおいているために、人情のつねとして、それらは非常な悪影響をもたざるをえない、その結果現在のわれわれの経験をもってしては、いかに想像をたくましくしても、これを除去すればどれほど大きな改善となるかがわからないようである。教育と文明との使命は、人間の性格におよぼされる力の法則の影響を抹殺して、正義の法則におきかえることにあるといわれる、けれども、いま述べたような敵の牙城をほうむりさらないでは、この使命もただ表面にのみとどまるといわなければならない。近世における道徳上および政治上の運動の原則は、行為が、そしてただ行為のみが、尊重にあたいするということである。すなわち彼が何者であるかということよりも、彼が何をなすかということが尊敬をえる資格となる。要するに、権力と権威との唯一の正当な資格は、功績であって生まれではないのである。それゆえ、永続性を有する権力が一人の人間にあたえられ、彼はその権力をもって他の人間にのぞむということがなくなれば、社会は、一方において一定の性癖をつくりあげつつ他方においてこれを抑制するというようなことをしなくてもよくなるにちがいない。その時になってはじめて、子供は、真に彼が進むべき方向にそって教育されるであろう、そして、彼が成長したのちに、その方向からけっして離れまいと考えるようになるに相違ない。これに反して、弱者にたいする支配力が強者の権利として社会の中核に厳存するかぎりは、弱者に平等の権利を認めることを社会の外面的行動の原理にしようとする試みは、つねに困難なたたかいであろう。なぜならば、正義の法――それはまた同時にキリスト教の教義でもあるが――は、けっして人の心の奥底にある情緒をとらえないからである。情緒というものは、その法に屈服している場合でさえ、それに反対の行動をとるからである。

六　女性に職業選択の自由をあたえ、男性と同じ仕事の分野と同じ報酬や奨励をあたえることによって、女性の才能が自由に用いられるようになることから生ずるであろう第二の利益は、人類にたいする高級な奉仕のために用いられる精神的能力の量が、倍になるということである。たとえば世論の指導者として、また公共的もしくは社会的な事柄の一部門の担当者として、人類の利益を進め社会一般の進歩に寄与するのにふさわしい人が、現在一人であるとするならば、かくすることによってそれが二人となるわけである。いかなる種類にもせよ精神的にすぐれた人は、現在各方面において非常に不足している、また、相当の能力を必要とする仕事を立派に成しとげうる人もきわめて少い、それゆえ、われわれが現に有する全才能の半分を利用しないでおくということは、社会にとってきわめて重大な損失である。むろん女性の精神的能力の全部が無駄になっているというのではない。その能力の多くは家政に、また女性にも許されている数種の職業に、現に利用されており、またいつでも利用されうる。またこれ以外の能力も、個々の場合に、ある女性がある男性におよぼす個人的影響をつうじて間接的に社会の利益に役立っている。しかしこのような利益はみな部分的であって、その範囲もきわめてせまい。いまかりに、このような利益は、人類の全知力の半分を解放することによってえられる新鮮な社会力の総量からは差引いて考えなければならぬものと仮定しても、その場合には、他方において、女性との競争によって、（もう少し正しい表現をもちいるならば）男性が女性に優越するにはそれに値いする力を示さなければならないという必要によって、男性の知力が刺戟されるという利益を加算しなければならない。

七 人類の知的能力を増大し、その事務を適当に処理するために用いうる知性の総量を大いに増加することは、女性の知的教育をさらに立派な完全なものとすることによって、ある程度は達成されると思われる。そうなれば、女性の教育は男性の教育と歩調をあわせて進歩するであろう。一般の女性は社会の同じ階級に属する男性と同様に、実務も公務も、また高級な思索上の事柄も理解しうるように教育されるであろう。また、他人の行為や思索の結果を理解しうるばかりか、みずからも相当なことを思索し行為するほどの選ばれた少数者については、男女いずれの性に属する人であっても、一様にその能力を増進し訓練する便宜をもつようになるであろう。このようにして、女性の活動範囲を拡大すれば、女性の教育は男性のそれと同じ水準まで上昇し、男性の側における進歩発達にはすべて女性も加わることとなる、これはかならずよい結果をもつに相違ない。いまこのことを別にして、たんに従来の障壁を廃止するということだけをとってみても、それ自身すでに教育上絶大な効果をもっているのである。思想や行動におけるより広汎な問題、すなわち、たんに個人的な利益にとどまらず公共の利益にかんする事柄は、すべて男性の仕事であって女性のなすべきことではないという考え——いいかえれば、その大部分については積極的に女性を禁止し、きわめて小部分にたいしてのみ冷やかにその参与を黙認するといった考えを捨て去ること、またそうなった場合に、女性もまた男性とかわりのない人間であって、みずからその職業を選択する権利があり、人間にとって興味のある問題ならば何事によらず彼女も男性と同じ動機によってそれに興味をもち、彼女が実際それに参与すると否とにかかわらず、いやしくも個人的意見をいれる余地のある事柄ならば、彼女も意見をのべて男性とともにそれを検討する資格があるという自覚を女性がもつこと——こういうことが実現するだけでも、女性の各種の才能は無限に発展するであろう、同様に、その道徳的情操の範囲も拡大することになるであろう。

へ　人事百般の処理に用いられる個々の才能の総量は、現在においては、自然が提供する才能の半分を使わなくても差支えないほど十分にあるわけではないから、これに女性の才能をつけ加えなければならないのはいうまでもない、しかもその場合には、女性の意見は、人類の信念と情操のすべてに、これまでにくらべて大きいというよりはむしろ有益な影響をおよぼすであろう。私は、より大きいとはいわないで、より有益な影響という。というのは、女性が世論の一般傾向におよぼす影響は、つねに、あるいは少くとも有史以来、非常に大きいものであったからである。

すなわち、息子の幼年時代の性格におよぼす母親の影響や、青年が若い女性にとりいろうとする切望やは、ともに歴史上男性の性格を形成する主要な原因となり、また、文明進歩の過程においていくつかの重要な方向を決定してきたのである。かのホーマーの時代においてすら、「丈長き衣着たるトロイアの女（ホーマーのイリアッド六章、ヘクターの出陣をその妻が嘆くと、ヘクターは、もし臆して出陣しなければ「丈長き衣着たるトロイアの女に恥多きを如何にせん」といって出陣した。）にたいする「廉恥心」が偉大なるヘクター（トロイア王プリアモスの子、トロイア戦争の際の第一の勇将であった。）の行為の力強い動機となったことは、人のみとめるところである。女性の道徳的影響は二つの様式をもって作用してきた。その第一は、緩和的にはたらく影響力である。暴力の犠牲になりやすいものほど、自然の情として、できるかぎり暴力のおよぶ範囲を制限しその濫用を緩和しようとしてきた。同様に、戦うことを教えられていないものほど、闘争以外の方法によって争いを解決しようという方へ傾いた。これを一般的にいうならば、利己的な激情をほしいままにされることによってもっとも苦しめられたものほど、その激情を拘束する手段を教える道徳律のもっとも熱心な支持者たらざるをえなかったのである。このようにして、女性は、従来の信条のいずれにもまして女性に有利であったキリスト教の信条を、北方の征服者達にとりいれさせるのに大いに力があった。アングロ・サクソン民族とフランク族との改宗は、エセルバート（六—七世紀のケント王、フランク王女ベルタと結婚し、その感化でキリスト教に改宗した。）の妃とクロヴィス（五—六世紀のフランク王。妃クロティルドの感化によりキリスト教に改宗した。）の妃によって始められたといわれる。ところで、女性の意見がいちじるしい効果をもった第二の様式は、男性のもつある種の性質に力強い刺戟をあたえる形であらわれる、その性質とは、女性には養成されていなかったために、彼等がその保護者たる男性のなかに発見しなければならなかったそれである。すなわち、勇気やその他戦場における一般の諸徳は、男性の女性に讃美されたいとのねがいに負うところが非常に多いのがふつうである。そしてこの刺戟の力は、この種のすぐれた性質だけではなく、さらに優れたものをも生みだすのである。というのは、男性のこのような地位からくる当然の結果として、女性の讃美と寵愛とをえる最良の手段は、つねに、まず男性の尊敬をかちえるということであったからである。こうして女性のおよぼす二種類の道徳的影響が結合して、ここに騎士道精神がおこった。その特色は最高水準の好戦的気質に、それとはまったく異った種類の道徳――一般に非戦的で防禦力のない人々にたいする温和、寛容、自己犠牲の徳と、女性にむけられる特別の従順と尊敬の念――の涵養を結びつけることを目的とする点にある。この場合、女性は、服従を強制しないかわりに、その愛情を求める人々にたいして高い報償を思うままにあたえる力をもっていた点で、他の無防禦の人々とは異っていた。一般に実践は理論におよばないものである、この騎士道の実践も、はるかにその理論的水準におよばなかったのは悲しむべきことであるが、それにしても、騎士道はわが民族の道徳史上におけるもっとも貴重な記念碑の一つとして残っている。それは、非常に無秩序で混乱した社会が、その社会の状態や制度よりもはるかに進歩した道徳的理想をうちたて、これを実現せんとした、諧調ある組織的な企ての顕著な一例となった。それは当時の社会状態からあまりにもかけはなれていたからこそ、その主要目的は完全に破れてしまったが、それでもけっして全然効果がなかったわけではない、後世における思想と感情のうえに非常にはっきりした、しかもがいして高い価値のある痕跡をのこしたのである。

九　人類の道徳的修養にたいする女性の情操の影響力は、騎士道の理想をもってその頂点に達した。女性がいつまでもその当時と同じ隷属的地位にとどまるべきものであるならば、この騎士道の頽廃はもっとも悲しむべきことであるといわなければならない。なぜならば、それは、女性の隷属的地位に原因するなげかわしい悪影響を緩和しうる唯一のものであったからである。しかしその後人類の一般的状態が変化して、騎士道的理想に代えるに全然ことなった道徳理想をもってしなければならないこととなった。元来騎士道というものは、あらゆることが個人個人の優雅と寛容との力によって緩和されつつも、なお善悪ともに各個人の勇敢な行為にかかっているような社会状態に、道徳的要素を注入しようという企てであった。ところが、近代の社会においては、すべてのことが、軍事的方面の事柄においてさえも、個人的努力によって決せられるのではなく、多数人の協力によって決定されるようになった、そして、社会の重要な仕事は闘争より実務へ、軍隊生活より産業生活へと移った。この新生活においても寛容の徳が切に要求されることは旧社会とかわらないが、ここではもはやそれのみに依存するということはなくなっている。近代における道徳生活の主要な基礎は正義と分別とでなければならない。各人はみな他人の権利を尊重し、自分のことは自分でする能力をもっていなければならないのである。騎士道は、世間一般に罰せられることなくおこなわれているあらゆる形の害悪にたいしては、法的制裁は加えなかった。それはただ、称讃や讃美の与え方に一定の方向を附けることによって、少数者に悪をすて善をなすように奨励しただけであった。しかし道徳のよって立つべきものは、つねにその刑罰的強制力――すなわち悪を抑制する力でなければならない。社会の安寧は騎士道のようにたんに正しい行いに名誉をあたえるということだけでは保たれない。それは、ほんのわずかのものにとってのみ強烈な動機たるにとどまり、多数のものには全然作用しないのである。近代の社会は、生活のあらゆる方面をつうじて、文明のたまものであるすぐれた権力を適当に行使し、それによって悪を制圧した、そして、社会の弱者（それはもはや無防禦の人間ではなく法律の保護をうける人間である）が、圧政しうる地位にある人々の騎士道的感情に依存しなくても、その生存を全うすることができるようにした。騎士的性格の美点と美徳とはいまもなお昔のままであるが、弱者の権利と人生の一般的慰安とは、いまではいっそう安全で堅固な支柱のうえにたっているのである。いな、夫婦関係をのぞいたあらゆる人間関係において、というべきであろう。

10　現在においても女性の道徳的影響力が実在しないとはいわないが、それはもはや以前ほどいちじるしい明確な性格を帯びたものではなくなった。すなわちそれは世論という一般的影響力のなかへほとんどその影を没してしまった。接触によってよびおこされる共感の力と、女性の眼に華々しく映りたいという男性の願望との作用によって、女性の感情は、騎士道的理想の名残を存続せしめるのに大いに役立つ、それは情操をつちかい、勇気と寛容の伝統を持続せしめる。このような性格の点にかんしては、女性の水準は男性のそれよりも高い。しかし正義という性質においては、女性はやや男性に劣るようである。個人的生活関係についていえば、女性の影響は全体として温和な徳を助長し、厳格な徳を阻止するものであると一般にいえるであろう。もっともこの場合、各人それぞれの性格によって多少の斟酌《しんしゃく》をしなければならないことはいうまでもない。ところが、人生において、その人の徳にはげしい試練が加えられるようなことが起った場合、すなわち利害と道義とが衝突する場合には、女性の影響力はきわめて複雑にはたらく。もしその場合、たまたま彼女の宗教的または道徳的教育の過程において強く印象されているごく少数の道義の一つが問題となっているならば、女性は徳の有力な後援者となり、彼女の夫や息子をはげまして、その刺戟がなくてはとうていなしえないような克己的な行為をさせることもまれではない。しかし現在の女性の教育と地位とをもってしては、女性に強い感銘をあたえる道徳上の原則は、道徳の比較的小さい分野をおおうのみである。そのうえそれは、大抵は消極的であって、ある種の行為を禁じるにとどまり、人間の思想と目的についての一般的方向にかんしては何も教えるところはない。人生の一般的行動において私利を超越すること――すなわち、自家には何の利益ももたらさない目的にたいして精根をささげること――が女性の影響力によって助長され支持されることは、ほとんど絶無だといわなければならないことを私はおそれる。それが有利であるということを女性が教えられていない事柄、しかも女性から夫を奪い、かくして家庭の利益を損うような事柄を彼女が排斥するとしても、彼女を責めるのは無理である。しかしその結果たるや、女性の影響力は公的な徳にたいして有益でないということになる場合が多い。

二　それにもかかわらず女性の活動範囲が多少拡がり、かなり多くの女性がその家庭外の目的にも事実上貢献しうるようになっていらい、女性も社会道徳にたいして一定の色彩をあたえる点であるていどの影響力をもつようになった。女性のこの影響力は、近代ヨーロッパの生活の二大特徴――戦争の回避と博愛事業への熱中――において現われている。この二つはたしかにすぐれた特色である。しかし残念なことに、たとい女性の影響力は大体においてそういう感情を刺戟するのに力があるとしても、個々の場合においては、それがあたえる影響はかならずしも有益なものばかりでなく、有害なものもまじっているのである。とりわけ博愛事業の方面においては、主として女性の活躍する二領域は改宗勧誘と慈善とである。改宗勧誘は、内においては宗教的反感を一層はげしくすることにほかならず、外にたいしては使われた手段のもたらす致命的な――宗教的目的それ自体にたいしてはもちろん、その他すべての望ましい目的にたいしても致命的な――害悪を、知りもせず、気にもとめずに、むやみに目的にむかってひた走る盲目的行為となるのがふつうである。つぎに慈善についていえば、それは、直接それに関係している人々におよぼす直接の効果と、一般的な善にたいする究極の結果とが、ややもすれば相互にまったく矛盾することをまぬかれない事柄である。ところが、女性にほどこされる教育――悟性教育というよりはむしろ情操教育――と、間近の人々にたいする直接の結果のみをみてその人々のぞくする階級への間接の影響をみないという、女性が全生涯にわたって教えこまれた習慣とは、あいまって、女性の同情をそそる慈善や博愛は、いかなる形のものでも究極においては弊害あるものであるということを、女性が知りえないようにし、認めまいとするように仕向ける。こうして日々増大してゆく無知な目先のきかない大量の慈善行為は、人々が当然自分でやるべき生活をとりあげてしまってその面倒をみてやったり、彼等自身の行為の不都合な結果を、彼等の責任とはしないことにしてやったりすることによって、個人の繁栄と社会の徳との基本的条件たる自尊、自助、自制の根柢をほりくずしてしまう。すなわち、資力と慈善的感情との濫用によって善い結果よりも悪い結果がもたらされるという事実は、女性の力によって無限に増大し、女性の影響力によってその勢いをましているのである。しかしながら、もし女性がみずから実際に慈善計画を処理するようになれば、こういう誤りをおかすことはない。公共的慈善事業にたずさわる女性は、時としては——一般に女性が男性よりすぐれているところの、当面の事実、とくに自分が直接接触する人々の意向や感情にたいする洞察力をもって——あたえられた施し物やさしのべられた救済の手が道徳的に堕落させるような影響をもつことを、十分明瞭に認識する。このような女性は、この問題について多くの男性の経済学者に講義をすることもできるくらいである。これとちがって、ただお金を投げだすだけのことをして、その結果がどうなるかを目のあたりにみない女性は、どうしてその結果を予知できようか。現在のような運命をになって生まれ、それで満足している女性は、どうして独立独行の真価を解することができよう。彼女は独立していないのであり、独行せよと教えられてもいないのである。彼女の運命はすべてを他人から受けることとなっているのである、そういう彼女にとって善いとおもわれることが、貧者にたいしてはなぜ悪いのか。彼女は、目上から下したまわる授かり物を善だといつも考えている。彼女は、自らは自由の身でない、自由なのは貧者だということを忘れている。また、彼女はこういうことも忘れている。必要なものが働かないで手にはいるような場合には、人々を強制して、それを手にいれるために働かせることはできない。また誰であっても、すべての人から面倒をみてもらうことはできない。そうとすれば、人々をして自分のことは自分でやるようにさせるためには、なんらかの動機がなくてはならない。そこで、身体障碍者でないかぎり、自分のことは自分でするようにしてやることが、究極においてもっとも慈善らしい慈善となるのである。すべてそういうことを彼女は忘れている。

三　女性が社会的政治的に解放されるにしたがって、彼等の教育がさらに向上し、その意見によって左右される事柄に彼等が実地に精通するようになるのは当然のことであるが、そういうことが、一般世論の形成にたいして女性のもつ役割が現在よりも改善されるうえにいかに役立つか、それは以上の考察によって知ることができるであろう。しかしながら、女性のもつ影響力をつうじて、その各〻の家庭にこの解放がもたらす改善は、右にのべたものよりいっそう著しいものがあるであろう。

三　誘惑に非常におちいりやすい階級においては、妻子の力が男性をして正直で尊敬にあたいする人間たらしめるという話である、それは、一には妻の直接の影響により、二にはその男性が家族の将来の幸福をおもう情によるというのである。悪人ではないが性格の弱い人である場合には、こういうこともあろうと思われるし、また多いにちがいない。そしてこのような有益な影響は、男女同権をみとめた場合でも依然として失われず、かえっていっそう強化さるべきものであろう。これは女性の隷従関係によるものではない、反対に、下層階級の男性が自己の権力に隷従している人々にたいしてもっている軽侮の念が強くなるにしたがって、それはだんだん小さくなるものである。しかしこれより上の階級をみると、そこには全然ちがった種類の原動力がうごいている。ここでは、妻はその影響力のおよぶかぎり、夫がその国の称讃を受くべき一定水準より下らないように努めるが、同時に、夫がそれ以上に上るのを妨げることも多い。妻は平凡な世論の支持者である。その結果、自分より知力の劣る女性と結婚した男性が、世論の要求以上に傑出しようという大望をいだいた場合には、妻というものはつねにその大望にたいする重荷となる。いな、重荷というよりもいっそうひどい邪魔物である。こういうきずなに縛られている男性にとっては、高尚な徳を身にそなえるなどということはほとんど不可能にちかい。それゆえ万一彼が大衆と意見を異にする場合——彼が、世人にはまだ明らかになっていない真理を知った場合、あるいは、世人が名ばかり認めている真理を心に感得して、人類一般よりも良心的にその真理を実現しようとする場合には——彼がさいわいにも彼自身と同様に一般の水準よりすぐれた妻をもつことができるならばともかく、そうでないかぎり、すべてこのような思想や希望にとっては、結婚は最大の障碍物となるのである。それは何故であろうか。

一四　まず第一に考えなければならないのは、こういう場合には、つねに個人的利益があるていど犠牲にならざるをえないということである。この犠牲は、社会的地位であることもあり、財産であることもあろう、時としては生活手段を賭さなければならないこともあろう。これらの犠牲や危険は、彼自身はよろこんでそれに立ちむかうであろうが、いったんそれを彼の家族に課するという段になると、彼は躊躇せざるをえない。この場合の家族とは、彼の妻と娘とである。なぜならば、彼は、自分の息子には自分と同じように感じてもらいたいし、自分が耐えしのぶところは自分の息子にも同じ主張によってよろこんで耐えしのんでもらいたいと考えるのが通例だからである。しかし彼の娘となると——彼女の結婚にはすぐに影響する。それに彼の妻は、夫がこれほど犠牲を払っている目的に同感はおろか理解もしない——もし彼女がそのために何か犠牲を払ってもいいと考えるにしても、それは夫を信じ、ただ夫のためにと考えるからにすぎない。いずれにしても、妻は夫自身が感じているような熱情も自讃も感じえないのに、一方夫が犠牲に供しようと思っているものは、彼女にとっては何物にもかえがたい代物である。それゆえ善良で没我的な夫ほど、妻にこの結果をもたらすことを躊躇するのは当然ではないか。もしこの場合犠牲に供せられるものが、生活上の問題ではなくただ世間の評判だけであっても、なお彼の良心と感情とにたいする重荷は非常にはげしい。妻子をもつものは、誰でも、グランディ夫人（世間のこと。トーマス・モートンの戯曲中の人物アシュフィールド夫人が、「グランディ夫人はどういうでしょう」といって、一々その隣人のおもわくを恐れたことから、そういわれる。）に人質をあたえているようなものである。世間という主権者の御裁可は、夫にはどうでもよいことであるが、妻にとっては非常に重大なことである。男性は世論に超越していられるし、また、自分と思想を同じくする人々の意見をきけば、十分に償われるであろう。しかし彼の家族の女性にたいしては、彼は何物も償ってはやれない。世間の考えにあわせて自分の影響力を調節するという、妻につきもののこの傾向は、時には女性を非難する種となり、女性の性格がかよわくて幼稚であることの証拠として説明されるが、それはあきらかに不当である。社会は、裕福な階級の女性の一生を自己犠牲の連続たらしめている。すなわち社会は、彼女が生来の好みをすべてたえず抑えているように強制するが、この殉教の名にも値いすべきことにたいして社会が彼女にむくいる唯一の報酬は、ただ名声であるにすぎない。しかるに、彼女にたいする名声は、彼女の夫の名声とはなれては存在しないのである。彼女はそれをえるために精一杯の犠牲を払ったあげく、いま自分でも納得できない理由のためにそれを失おうとしている。彼女はそれをえるために全生涯を犠牲にした。ところが彼女の夫は、むら気とも、気まぐれとも、いな奇癖とも思えるものを、そのために犠牲にしようとはしない。その気まぐれとは、世間が認めも許しもしないものであり、世間もそれ以上ひどいことはいわないにしろ、とにかくそれを愚の骨頂だとする点において彼女と一致している。この板挾みの状態にもっともはげしく陥るのは、同じ意見をもつ人々のあいだで傑出するほどの才能はもちあわせていないが、確信をもってその意見を固持する人々、その信念を公言することによって、またその信念のためにはつねに時間、労力、財産のすべてを差しだすことによって、自己の名誉と良心とにおいてそれを貫徹しなければならないと感じるような、称讃にあたいする人々である。とりわけこういう人々が、たまたまその地位身分だけではいわゆる最良の社交界にはいれもしないし、かといって閉めだされもしないという状態にある場合、すなわちその社交界への出入を決するのが主として彼等一人一人にたいする世間のおもわくである場合には、一番始末がわるい。彼等の作法習慣がいかに非のうちどころのないものであっても、その意見や公的行為が社交界の気風をつくりあげている人々の気にいらないものであると見做されれば、それだけで十分彼等は閉めだされてしまう。この場合多くの女性は（十中八九まで、むろん誤ったことであるが）、夫と自分がその地方における最高の社交界——彼女のよく知っている同じ階級の人々が自由に交際している社交界——にはいることを許されないはずはないとうぬぼれている。だから、それができないのは、ただ彼女の夫が不幸にも非国教徒であるか、あるいは低級な急進党に加わっているという評判が立っている場合だけだ。これこそ彼女の息子が権限や地位を得られないゆえんであり、彼女の娘によい縁談がまとまらないゆえんであり、また、彼女も夫も、よくは知らないが、皆と同じように資格があるとおもうのに、名誉はおろか招待さえも受けることができない理由であると、彼女は考える。各家庭において、このように妻の影響力が積極的にはたらき、あるいは妻がこれを積極的に主張しないためになおいっそう強力に作用している現状においては、一般の人間が、近代のいちじるしい特徴となりつつある中くらいのお上品ぶりという枠のなかにおさえつけられてしまっているのももっともなことではあるまいか。

一五　つぎにもう一つ考えなければならない悪い結果がある。それは直接に女性の無能力に由来するものではないが、そのために生じた男女両性間の教育と性格の格段の相違にもとづくものである。結婚生活の理想である思想や好みの一致にたいして、これくらいじゃまになるものはない。たがいに全然違った人間があつまって仲よく暮すということは、他愛もない夢である。似ていない人同志がすきになるのはやさしいが、永続きするものは二人の類似である。類似していればいるほど、お互いに幸福な生活を送るのに都合がいい。しかるに、女性が現在のように男性と異っている場合には、利己的な男性は、自己の手に専制的な権力を収め、それによってあらゆる問題を自分の好きなように解決して、一生をつうじて好みの相違から生ずる軋轢を最初から阻止しようと考えるのも当然なことである。両性の相違が極点に達すれば、もはや相互のあいだには真の利害の一致はありえない。もっとも重要な義務の問題について、夫婦間にしばしば良心的な意見の相違が生じることがある。このようなことがおこる結婚関係に、はたして現実性が存するであろうか。が、こういう例は、真面目な性格をもつ女性によくみられるのであり、ことに旧教国において、女性が服従しなければならぬとされている夫以外の唯一の権威、すなわち僧侶が、夫にたいする彼女の異議を支持する場合には、こういうことがよくある。自分自身が論議されていることを認めようとしないものにいつでもみられるように、あからさまに力をむきだしながら、新教や自由主義の論者は、僧侶の女性におよぼす影響を大いに攻撃する、むろんそれ自身が悪いというのでなく、それが夫に対抗する権威であり、夫はまちがいのないものであるということにたいする挑戦であるからである。イギリスにおいても、福音主義の妻が他の宗派に属する男性と一緒になった場合には時たまこのような例をみるけれども、一般には、少くともこの悶着の原因だけはとり除かれている、というのは、女性の心は無理にも空っぽにされてしまっていて、彼女の意見はせいぜいグランディ夫人の意見であるか、そうでなければ、夫に教えられた人の意見にすぎないからである。しかし意見の相違がない場合でも、もし趣味だけでも違っているならば、結婚生活の幸福は傷つけられるおそれがある。だから、教育に差をつけて、それによって男女両性の先天的差異を拡大することは、男性の恋愛にむかう心を刺戟することにはなるかもしれないが、けっして結婚生活を幸福ならしめるゆえんではない。もしも夫婦ともにしつけも行儀もよい人ならば、たがいにだまって相手の趣味を許しておくであろう。しかしそういう辛抱を、これから結婚生活にはいろうとする人々が望むであろうか。愛情や義務という抑制がない場合には、こういう好みの相違は、家庭内の問題がおこるごとに、ほとんど例外なく両者の希望の相違をひきおこすにちがいない。こういう二人がそれぞれ交際したいと思う社会に、大きいちがいがあるのは当然である。めいめいが自分と趣味の同じ人と交わりたいと考えれば、一人にとって愉快な人は、もう一人にとってはどうでもいい人である、そうでなければ積極的に不愉快な人である。それかといって現代の既婚者は、ルイ十五世の治世におけるように、一家のなかで全然ことなった部屋に住み、全然ことなった交際社会をもつわけにはゆかないから、訪問をうければ、かならず二人に共通な客として迎えなければならない。同様に、子供の教育についても、彼等は異った希望をもたざるをえない。誰だって子供には自分と同じ趣味情操があることを見たいからである。そこで、妥協して双方とも半分ずつの満足をえるか、それとも妻の方が——時としてははげしい苦痛を感じながら——譲歩するか、いずれかである。それにしても、彼女の隠然たる影響力は、いぜんとして夫の目的を阻害するようにはたらくのであって、それは彼女が意識しての場合もあり、しない場合もある。

一六　こういう感情や好みについての相違は、女性が男性とことなる教育をうけたというだけの理由によるもので、趣味の相違はどんな場合にもおこるはずがないと考えるのは、むろんあまりにも馬鹿げたことである。しかし教育の差別がこのような相違を無限に拡大し、それを避けがたいものにしているといっても、けっしていいすぎではないだろう。女性が現在のような教育を受けているあいだは、男女相互のあいだに日常生活にかんする趣味や希望の真の一致をみることはまず不可能に近い。その結果、彼等は一般に、真のいみにおける人間結合のきずなとして認められている「好きも嫌いも同じ」idem velle, idem noll という理想を、日常生活の親しい伴侶《はんりょ》のなかに求めることは、もはや絶望であると思って断念しなければならないであろうし、またそうしようとする努力さえ棄ててしまうことにもなろう。だが、男性は、そういう伴侶をうまくみつけることができないこともない、それは、「好き」も「嫌い」も全然もたないまったく空っぽの女性を選んだ場合である、そういう妻ならば、誰かがそうしろと命令すればすぐどんなことでもするであろう。しかしこの種の打算も失敗しないではない、というのは、愚鈍で活気がないということは、男性がまちがいないと予期しているところの女性の服従の保証とはならないからである。

よしかりに、それが保証になるとしても、これが結婚の理想であるといえるかどうか。この場合その男性の得るものは、高等下女、子守女、情婦以上のものではあるまい。これに反して、夫婦ともに馬鹿ではなく多少とも内容のある人間である場合、しかも、たがいに愛情もあり共に生活しえないほどはなはだしく性格が異っているのでない場合をみよう。そういう場合には、彼等は、相互の共感によって助けられながら、共に一事にたずさわってゆくにしたがって、最初は一方だけにしか興味のなかった事柄にも、いつしか他方の才能もひきだされて興味を感じるようになり、相互の趣味性格も次第に同化するようになるであろう。それは相互がしらずしらずに変化することにもよるであろうが、むしろたがいに相手の趣味能力を自分のそれにくわえて、二人の天性を真にゆたかにすることによるほうが多い。これは日常接触する同性の友人間によくおこる現象である。それゆえ、両性がまったく異った教育を受けてきたために、真に釣合った結合関係の形成が不可能に近いという事実さえなければ、こういうことは、結婚関係においては、つねにとはいえないかもしれないが、かなり頻繁におこることに相違ない。この点さえ改善されれば、個人的な趣味においてどんな差異があろうとも、少くとも人生の大目的にかんしては、がいして完全な一致と合意とをえることができるであろう。二人がともに大きい目的のみを念頭におき、それにかんすることならば何事においても相互に助けとなり励ましとなるならば、趣味を異にする些細な事柄などは、彼等にとっては全然問題とならないに相違ない。ここにこそ、永続的な確固たる友情の基礎は定まるのである。彼等は、一生をつうじて、相手から楽しみを得るよりも相手にそれをあたえることに無上の楽しみを見出すようになるであろう。

一七　以上、私は夫婦が相互に似ていない場合、それが結婚の幸福と利益とにおよぼす影響を考察した。ところで、この似ていないということが、一方が他方に劣るということである場合には、この悪結果は非常に恐るべきものとなる。双方が似ていないといっても、たんに立派な性質が異っているのであれば、それは相互の改善のために利益となっても、幸福の障害となるものではない。すなわちたがいに相手の特質を見倣い、それを身につけたいとねがって努力する場合には、双方の相違は、利益衝突の原因とはならないで、その一致の原因となり、やがては相手を前にもまして尊重するゆえんともなるのである。しかしながら、一方が精神的能力においても教養においても非常に劣っていて、他方が助けてやってもその水準まで上ってこようとしない場合には、こういう両者の結合が優れた方の人間の進歩におよぼす影響は恐るべきものがある。しかもそれが不幸な結婚ではなく、相当幸福な結婚である場合においていっそう甚だしい。知力においてすぐれた人が自分より劣った人と一緒にとじこもり、そういう劣った者を、選りに選った唯一の完全に親密な伴侶とするということは、弊害を伴わずにはすまない。いかなる交際関係でも、進歩しないでいれば退歩する。そしてそれが親密であればあるほどそうである。真にすぐれた人でも、つねに（文字どおり）仲間の大将になっていると、ほとんど例外なく堕落しはじめるものであるが、自分より劣った妻とつねに一緒にいる夫の立場はまさにそれである。一方において彼の自己満足はたえず促進され、他方において彼はしらずしらず彼より卑俗で偏狭なものの感じ方や見方をとりいれる。その弊害が、これまで詳述してきた数多くの弊害にくらべて異る点は、それが次第に増大してゆく傾向をもつということである。現在では、日常生活における男性と女性との結合は、以前より密接で完全なものとなってきた。男性の生活はより家庭的となっている。すなわち以前には、男性の楽しみと職業の選択とは、男性のあいだに、その仲間になることにあった。妻は男性の生活のほんの一部分を占めるにすぎなかった。ところが現在においては、文明が進歩し、従来のように多くの男性が休養時間をあげて下等な享楽と放縦な酒宴とにあてることが世論の反対をうけるようになった結果——またそれとともに、(これは忘れてはならないことだが)、近代的感情が以前とかわって義務の相互性を問題とするようになり、それによって、夫も妻にたいして義務づけられることとなったので——男性は個人的および社会的快楽を、今までよりずっと多く家庭とその家族に求めるようになった。その間女子教育にも相当の改善が種々ほどこされ、女性もあるていど夫の思想や精神上の趣味の伴侶となりうるようになったが、なお多くの場合においては、女性は絶望的といってよいほど夫に劣った状態のままにされている。こうして男性の精神上の仲間を求める心は、一般に、彼が何物をも学ぶことのない仲間によってみたされている有様である。何の改善も刺戟もあたえない道づれが、(そんな道づれがなければ彼がかならずや求めたに相違ない)彼と同等の能力をもつ伴侶や高等な仕事に従事する相手のかわりにあたえられるわけである。われわれは、将来有望な青年がいったん結婚するとすぐ進歩がとまり、進歩しないから必然に退歩しはじめるという事実をしばしば目撃するが、この事実こそ右にのべた事情に由来すると考えられる。夫の奮起を促さない妻であるならば、それはかならず夫を抑制する妻である。夫は妻の好まないものを好まなくなる。以前彼が野心にみちていた時には気が合った友人も、いまでは彼が野心を棄てたのを非難するにちがいないので、彼はもはやその交友関係を好まなくなる、そしてついにはそれを嫌い、回避するようになる。彼の高い知的能力や情的能力は、ともに活動を停止する。そしてこの変化は、彼の家族によってつくりだされた新たな利己的な利害関係と一致するので、数年の後には、彼もまたありきたりの事物とありふれた金銭上の目的の外にはなんの望みもいだいたことのない人々と実質上えらぶところがなくなってしまうのである。

一八　陶冶された能力をもち、同じ意見と目的をもつ二人の人間、しかもそのあいだにはもっともよい意味における平等があり、たがいにすぐれた点をもちながら、しかもその能力や才能が似かよっている、そしてその結果各〻が相互に尊敬しあうよろこびを味わい、相互に導き導かれつつ向上の道をたどることができる、そういう二人の結婚がどんなに幸福なものであるか。それについては、このうえ私は説明しようとは思わない。なぜかといえば、これを想像しうる人には説明の必要はないし、それを考ええない人にとっては、それは狂信者の夢としかみえないであろうから。しかし私は、深い確信をもって、これが、そしてこれのみが結婚の理想であると主張したい。そして、これと異る考えに味方し、これと関連した概念や抱負を他へ転ぜしめるような意見や習慣や制度は、すべて、それがどのような仮面で彩られていても、野蛮な原始時代の遺物であると主張したい。社会関係のうちでもっとも基本的な関係が平等の正義の原則のもとにおかれたとき、また人々が、権利も教養も対等な人間にたいしてつよい共感の情をもつにいたったとき、はじめて、人類の道徳的再生がはじまるのである。

一九　これまで論じてきたことは、性をもって特権がえられない理由とし、服従をしなくてはならないしるしとすることをやめたならば、社会はどのくらい利益をえるであろうかということであった。それは個人的な利益ではなく、社会的な利益であった。すなわち、人間の思索力や行為力を社会的に増大し、男女両性の結合の一般状態を改善するという点にその利益があるというのであった。しかしながら、解放された人類の半数にとっての説明を絶するほどの個人的幸福の増進、すなわち他人の意志に服従する生活と道理にかなった自由をあたえられた生活との相違、そういうあらゆる利益のうちでもっとも直接的な利益を除外したならば、それはあまりにも控え目にみた話になりすぎるであろう。食べることと着ることとの二つの本源的な必要がみたされれば、そのうえは、自由こそ人間性の第一の、もっとも強い欲求である。人類が法律をもたないあいだは、法律なき自由が彼等の希望である。しかしいったん彼等が義務の意義と理性の価値とを学べば、彼等は自由を行使するさいに、これらのものによって導かれ規制されたいと望むようになる。だが、それだからといって、彼等の自由への欲求は減少しない、また、他人の意志をそういう指導原理の代表者ならびにその解釈者として、好んで受けいれるのでもない。反対に、理性がもっともよく発達し、社会的義務の観念がもっとも有力に働いてきた社会というのは、各人の行動の自由——すなわち各人が自分の行動を、自己の義務の感情と、自己の良心の許す法律および社会的拘束とによって律しうる自由——をもっとも強く主張してきた社会である。

二〇　個人の独立の価値をもって、幸福の要素として正しく評価しようとする人は、まず彼自身が、自分の幸福の要素としてそれをどれほど尊重しているか、それを考えるべきである。自分のことを判断する場合と他人のことを判断する場合とによって、この問題ほどつねに判断に大きな差が生ずるものはない。たとえば、他人が行動の自由を許されていないといって不平をいうのをきくと――その人の意志がその人自身のことを決するうえにあまり尊重されないという不平をきくと、彼はただちにその人にむかって次のようなことを聞きたがる。一体お前の不平の原因は何か、お前はどんな積極的な損害をうけているのか、お前はどの点で不当な処置をうけたと思っているのかと。それで彼自身の満足するような答えがえられないとなれば、彼はその人にたいして耳を貸すことをやめ、この不平は要するにどんな道理にも満足しない人間の気まぐれな愚痴にすぎないと考える。しかるに、いったん自分のことを決める段になると、彼はまるでちがった判断の基準をもってくる。たとえば彼の後見人が、彼の財産を管理する場合に申し分のないほどよくしてくれたとしても、彼は内心満足を感じない。第一彼がその決定権をもつ人のうちから除外されているのはこのうえもない不都合だと考え、こういうことでは、後見人のやりかたの良否など問題にならないという。これは国民についても同じである。自由を放棄すれば、そのかわりにいいうまい政治をしてやろうといわれても、自由国の市民たるもの、そんなことには耳を傾けはしない。他人の意志によって支配される国民のあいだにいいうまい政治が存在しうることはかりに信じられるとしても、自己の運命を自己の道徳的責任において開拓するという自覚は、政治の末節における多少の粗雑さや不完全さを償ってあまりあるものではなかろうか。彼がこの点について感じていることは、すべて女性もまたそのとおりに感じているということを、彼に銘記させておく必要がある。ヘロドトス（紀元前五世紀のギリシャの歴史家）の昔より現代にいたるまで、自由政治が人心を高尚ならしめる影響力をもつことについては、多くのことがいわれたり書かれたりしてきた。すなわちそれは、人間のあらゆる能力に勇気と活気とをあたえ、知性や感情により広く高い目的を供し、没我的な公共心と沈着広大な義務観とを生ぜしめ、さらには各人を道徳的、精神的、社会的存在として一般により高い見地に立たしめるのであるが、そのようなことは、そのいずれをとってみても、男性にとって真実であると同様、女性にとっても真実なことである。これらのことは、個人の幸福にとってもその重要な要素でないといえるだろうか。いかなる男性でも、自分が少年時代をぬけだして――たとい愛し愛された長上ではあっても、彼等の保護と監督からはなれて――一人前の男性としての責任を感じるようになったときのことを思いだしてみるがよい。そのときの感じは、重荷をおろしたとき身体に感ずるあのほっとした気持のようではなかったか。苦痛とはいえなくても、なんだか邪魔になっていた束縛から解放されたときのような気持ではなかったか。前よりも倍も生々と人間らしく感じなかったであろうか。しかるに、女性はこんな感じを全然もっていないと考えるのか。ところで、自尊心の満足とか毀損とかは、大抵の人にとっては、それが自分の問題であれば何物にも代えがたいほど重大な問題であるにもかかわらず、いったん他人の問題となると彼等にたいしてあまり斟酌《しんしゃく》する必要はないと思い、そんな感情は他の自然な人間の感情ほどにも人間行為の動機あるいは弁明たりうるものではないと考えがちである。これはおそらく、人間というものが、自分自身の場合にはこの感情を他の種々の性質の名で飾りたてるものであるために、この感情が自己の生活のうえにどんな力強い影響をもたらしているかということを、ほとんど忘れているからである。それにしても、この感情が、女性の生活や感情において男性と同じく大きな力強い部分を占めていることはうたがいない。なるほど女性においては、それの自然な健全な発達を抑えるように訓練されているが、といって外形は変っても、内心の要求は変らない。いやしくも活気にみちた人ならば、自由があたえられなければ、権力をもとめる。その心の自由がうばわれるならば、他人を支配することにおいて自己を主張しようとするにちがいない。それゆえ、ある人間に、彼自身の存在は全然許さないでただ他人にもっぱら依存させるならば、それは彼に、自分の思うとおりに他人を屈服させようとすることを奨励するといった生やさしいことではすまない。自由は望めないが、権力なら得られるという場合なら、権力が人間欲求の最大目標となる。また、自己のことを自己の思うままに処理することを許されない人は、自分勝手な目的で他人の事柄に余計な差出口をすることで、できるだけ腹いせをするようになるであろう。女性がその身の美しさや衣裳や虚飾に執着するのも、さらにそれから有害な贅沢や社会の不道徳というようないろいろの害悪を生むのも、その由来はここにある。権力愛と自由愛とは、永久の対立物である。自由のほとんどないところでは、権力にたいする欲求がもっとも強くかつその際限もない。各人が一人一人権力なしですますことができるようになれば、そのとき、他人にたいする権力欲が人類を堕落させる力として働くことをやめるであろう。それは、各人の個人的問題について、自由を尊重するという原則が原則として確立したときでなければならない。

二　自己の才能を自由に伸ばして使うことが、人間にとって、同様にまた女性にとって、個人的幸福の源泉となるということ、その反対に、これを束縛し制限することがその不幸の源となるということは、たんに人格の尊厳にかんする感情からそうなるのではない。疾病と貧窮と犯罪とをのぞけば、人間の活力がそれ相当のはけ口を与えられないことほど、人生の楽しみを害するものはないであろう。家族の世話という仕事をもっている女性には、そしてその仕事をしているあいだは、このはけ口があるのであり、またたいていはそれで十分である。しかし女にはそれくらいが適しているといって嘲弄されているこの天職ですらもつことのできない女性が年とともに増加しているが、いったいその人達はどうすればよいのだろう。また、子供が死んだり、遠いところにいたり、大きくなって結婚してそれぞれの家庭をもつようになったりしてしまった女性も多いが、いったいその人達はどうすればいいのだろう。世の中には、忙しい生活を送ったのち、自分の希望どおり老後の生活をたのしむだけの財産をもって隠退する男性がすくなくない、だがこの人達は、こうして何もしない生活にはいると、昔のそれにかわるべき新しい興味や刺戟をえることができないために、いつしか倦怠と憂鬱と早死とに見舞われる。けれども、世間にはこれと同じような沢山の立派な忠実な女性があること、すなわち彼等は社会にたいするいわゆる債務をはたしたのちに――子供達を成人するまで立派に育てあげ、家事をみなければならない家のあるあいだそれをやりとげたのちに――もっとも自分に適した唯一の職業にも見捨てられてしまうということを誰も考えない。彼女の娘か嫁が、よろこんでその新家庭でもとの仕事をやらせておいてくれる場合はともかく、そうでないならば、そういう女性は、昔にかわらない活力の使いみちがなくてぼんやりしている。世間が女性の唯一の社会的義務としている仕事を、しなくてはならないかぎり、すでに立派にやってのけた女性にとって、これがその老後の運命だというのはあまりにも悲惨ではないか。こういう女性、そしてまたこういう義務を全然あたえられなかった女性――多くは、天職を全うできなかったことや、能力を十分発揮しえなかったことを嘆き暮してきた人々――そういう女性にとって、その行くべき唯一の道は、だいたい宗教と慈善ときまっている。しかし彼等の宗教は感情的、儀式的であって、慈善という形をとらないかぎり、実践の宗教とはなりえない。慈善については、天性それに適していることは嘆賞すべきであるが、彼等がこれを有益に行うにも、あるいはそれに弊害が伴わないようにするためにも、すぐれた管理者としての教育や、いろいろの準備や知識や思考力を必要とするのである。慈善を有効におこなえるほどの人ならば、いかなる行政事務をやるにも適している。この場合においても、他の場合と同様（とくに子供の教育において）、女性に許されている仕事は、やはり、女性に許されていない仕事――それが許されていないのは社会にとっては大損害である――にたいする訓練をうけないでは、立派にやりとげることができないような種類のものである。ここでひとつ、女性の無能力の問題にかんする論議には正面から答えないで、自分の嫌いなことを滑稽な絵で示したほうがいいと思っている人々が、奇想天外な方法でこの問題を提出していることを指摘しておこう。女性の行政的能力と細心の助言とは、国政上大いに効果をあげることがあるという人があると、いまのべたような冗談を好む人達は、こういってそれを物笑いの種とする、すなわち、十代の少女が議会や閣議の席に出ることになったり、二十二、三の若夫人が応接間の衣裳そのままでそっくり下院に送りこまれるようになったりするのかと。が、それは、男性でもこんなに若くては、議席をもったり責任の重い政治上の地位についたりすることはとてもできないということを忘れているからである。常識から考えてもわかるように、たといそのような責任が女性にゆだねられるとしても、それは、結婚後何も特別の職業をもたないか、あるいは結婚せずに他に自己の才能をのばすべき職業をえらんだために（現在でさえ数多くの女性は、結婚よりも、彼女のなしうる二、三の立派な職業のほうを好むから)、若い盛りを、彼女が従事したいと思う職業に必要な資格をつけるために費やしたような女性であるか、それとも、おそらくこのほうが多いだろうが、四十か五十の寡婦か人妻で、家庭でえた人生にかんする知識と政治にたいする能力とを、適当な研究をもおこなうことによって、より大規模に役立たせうるような女性でなくてはならぬはずである。ヨーロッパのどの国へいっても、公私の目的を達するうえに、利口で経験ゆたかな女性の忠告と援助とが尊いものであることを、何度も経験し痛感している有能な男性をみることができる。また国家公共の重要な仕事のうちには、男性が女性にとてもかなわないような性質のものもある。なかんずく金銭の支出についての精密な管理など。しかしわれわれがいま論じているのは、公けの事務に女性が役立つことを社会が必要とするということではない。ただこういうことがいいたいのである。ある女性にとってはまだ開かれない、そして他の女性にとってはすでに開かれないことがきまっている結婚という分野より広い分野において、多くの女性が自信をもっている実践的才能を行使するのを禁じるということは、彼等を生気と希望とに欠けた生活におとしいれるということ、これである。人間の幸福にとって真に重要なことがあるとすれば、それは彼がその日頃の仕事を楽しみうるということである。ところが、この楽しい生活の必要条件は、たいていの人々は非常に不完全にしかあたえられない。また全然与えられないこともある。そしてそれが与えられていないために、外見上あらゆる成功の要件をそなえているようにみえる生活も、内実は失敗にすぎないことが多い。しかし社会に、いまだそれを賢明に打破するほどの力がないという事情があって、そのような失敗もいましばらくはやむをえないとすれば、社会はかならずしもそれをとがめるには当らない。たとえば両親に思慮分別がなかったとか、若いために経験が不足であったとか、あるいは気に入った職業をみつける機会が外からあたえられなくて、気にいらない職業口にたまたま出逢したとかいうために、うまくかつ幸福にやっていける職業が他にあるにもかかわらず、いやいやながら一つの職業を守って一生をすごす破目におちいっている男性も多い。しかるに女性にたいしては、この運命は成文法または慣習法によって規定されているのである。すなわち性のすべての女性にたいする関係は、あたかも未開社会における皮膚の色、人種、宗教などの、また被征服国における国籍の、一部の人々にたいする関係のごとくであって、女性以外の人間ではやれない仕事、またはそれを引受けてやるだけの価値がないと考えられる仕事を除いては、女性はほとんどすべての高尚な職業から断じて排斥されているのである。この種の原因に由来する苦痛は、同情を得ることがほとんどないので、人生を浪費したという感情からおこる不幸がいかに大きいものであるかに気づく者はきわめて少い。しかし、このような事態がおこる機会は、これからはいよいよ多いであろう、というのは、教養が高まると、女性の思想や才能と、社会が彼等に許す活動の範囲とのあいだの不均衡は、ますます拡大されるからである。

三　無資格とされている人類の半数がそのように資格をあたえられないことによっておこる積極的な弊害——それは、第一には、人間をはげまし向上させるような個人的快楽の喪失であり、第二には、そのかわりに起りやすい人生への倦怠、失望、極度の不満であるが——そういう弊害を考えるとき、われわれはつぎのことを痛感する、すなわち地上における運命のさけがたい不完全さにたいする人間の戦いを遂行するためには、人々は多くの教訓を必要とするが、そういうすべての教訓のなかでなかんずく必要なことは、自然のもうけた色々の弊害を、人々相互のねたみや偏見にもとづく拘束やによって増大させてはならないということである、と。ある弊害を懸念しながら何もしないでいれば、そういう無駄な心配は、ただいっそうひどい弊害をそのかわりに招くだけである。それとともに、総じてあらゆる人類同胞の行為の自由を制限するということは、(そのためにひきおこされたあらゆる弊害について、その人に責任をとらせるようにしないかぎり)、それだけ人間の幸福の主要な源泉を枯渇させ、また人類をますます貧しくし、ついに、個々人にとって人生を生き甲斐あらしめるものが何一つない状態にいたらしめるであろう。

解説

大内兵衛

私はいまから四十年ほど前にミルの "The Subjection of Women," 1869, London を翻訳して、『婦人解放論』と名づけた。この書は、私のドイツ留学中に、友人森戸辰男君らのお世話になって同人社という本屋から出版されたが、出版と同時に関東大震災に見舞われて、僅少の部数のほかはたいてい焼けてしまった。

それから改訳の考えをすてたわけでもなかったが、その機会もなかった。数年前、大内節子がその改訳をしようと申し出たので、それをすすめ、その訳稿を見てやろうと約束した。彼女は、間もなくそれを実行したが、私は、多忙にまぎれそれを見ることを怠っていた。この節小閑を得て、それに目を通して、これを岩波文庫に収めることになった。あの当時の私の訳は、いまよみ直して見るとずいぶん古風であり誤訳もあった。これに比べると、この訳は、訳として正確であり、まちがいも少い。文章はそう流暢でないうらみはあるが、時代のちがいを思い、なるたけ朱筆を省いた。一応のできばえであると信じている。

大正六、七年のころなぜ私がこの本を翻訳しようと考えたか。当時私は大蔵省の役人であったけれど、そういう位置にいながら、第一次大戦後における世界思想界の動揺によっておこっていた日本のデモクラシー運動の波を感じないではいられなかった。そこで私も東大の高野岩三郎先生のもとに集っていた若い経済学徒の一群に加わってそういう話を聞いていた。その一群のうちには、後年大原社会問題研究所と東大経済学部によって日本の学界に意義ある仕事をした森戸辰男君、櫛田民蔵君、権田保之助君、糸井靖之君などがいた。彼等は彼等のグループを同人会と称し、毎月各自の研究を報告しあっていた。そのうちに、各自はそれぞれの研究を大成する手はじめとして、それぞれ西洋の古典を訳して、それで同人会叢書を作ろうということになった。この約束に従って森戸君がまずブレンターノの『労働者問題』を出し、次いで権田君がビュヒャーの『経済社会の発展』を出し、つづいて糸井君がケンメラーの『物価決定の法則』を出した。その次に櫛田君が『共産党宣言』を訳してそれを出そうとしたが、それは検閲の関係で駄目となった。その次が私の順番で、私はミルの『婦人解放論』を出すことにしたのであった。

私がなぜとくにミルの婦人論を選んだか。それは、私が学生の時代からミルの経済学に親しんでおり、それに傾倒していたということがあったからであるが、当時、婦人論が日本で盛んであったというような事情にもよったものであったにちがいない。日本において婦人の地位の向上を論じたものとしては明治のはじめに福沢諭吉があり、ついで森有礼があり、それより後には岸田俊子、影山英子があった。けれども、それらはいずれも思想の先覚者の啓蒙事業というべきものにすぎなく、それによって婦人の社会的な運動というようなものは起らなかった。それがそういう形をとったのは明治四十四年における青鞜社の出現であったといっていいであろう。しかしこの運動も、その雑誌の創刊号に掲げられた平塚雷鳥氏の「原始婦人は太陽であった」という宣言が示すとおり、本体は一種のロマンティシズムの文学運動であったという方が正しく、何かまとまった具体的社会的な内容のものではなかった。しかし第一次世界大戦後になると、このようなロマンティシズムの運動もいつの間にか婦人参政権の運動へと転化したようである。けだしそれは一般に日本においてデモクラシーの運動が昂揚したので、その波が婦人運動から従来のロマンティシズムを洗い、そこから婦人問題とは何であるかを具体的に示したものであったろう。この運動を代表するものとして、市川房枝氏や奥むめお氏やの新婦人協会が表面に現われて来たのであった。かのロマンティシズムが、こう現実化するまでの間の混乱はひどいものであった。その間において何よりも大きな役割をしたものは日本の新劇運動であって、この運動は、テーマとして一般的な婦人解放を提出した。トルストイの『復活』のカチューシャとして、またイプセンの『人形の家』のノラとして松井須磨子が華々しく登壇した。そしてまたこういう問題の一般的大衆的意識のうちに、伊藤野枝氏はエマ・ゴールドマンの『婦人解放の悲劇』を紹介し、石川三四郎氏がエドワード・カーペンターの『文明論』を祖述し、さらに山川菊栄氏はベーベルの『婦人論』をふまえての社会主義に立つ婦人解放論を展開して来た。かくして第一次大戦後の思想界の大変動期はまた日本人の婦人観の変動期であったといってよい。それは、まことに百花繚乱というような光景であった。この間において経済学の勉強に志そうとしていた私が、そして経済学とはミルの経済学であると教えられて来た私が、ミルの婦人論を紹介することに、何らかの意義を認めたのは、私としてはきわめて自然な心持であった。

ここでこの書の著者（John Stuart Mill, 1806—1873）を紹介することは無用であろう。というのは、彼はすでに日本でも十分に紹介しつくされているからである。(例えば大泉行雄著『社会思想家としてのジョン・スチュアート・ミル』昭和五年同文館を見よ)。ただ一言にしていえば、ミルはイギリスの古典経済学(したがって世界の資本主義経済学)の完成者であったとともに、その限界について、したがって資本主義の限界についていささか疑問をいだいた人であった。そして、元来イギリスの古典経済学というのはその哲学として功利主義または合理主義に立つものであるが、その点でも彼はその哲学の完成者であって、しかもそれについてもいささか疑問を投げかけた。その疑問というのは、当時、産業革命によって著しく目につくようになった下層階級の人々の生活が果して資本主義で救われるかというのであった。いいかえれば、彼の人道的な情感が、彼をして、資本主義の内で社会の改良について考えさせたのである。そして彼はついに一個の社会改良主義者となり、そういう位置においてイギリスの十九世紀後半の社会改良主義への指針を与えることに成功した。要するに彼はイギリスの社会と思想の過渡期における思想家であり、また過渡的な思想家であった。そしてそういうものとして一種の進歩主義者であった。彼はこの理論を政治においても実現しようと企て、自由主義に新たな生気を与え、早くも反動化しつつあったイギリスの議会制度の固定化を防ごうとしたが、彼のこのような発言は、十九世紀中葉におけるイギリスにおいて、もっとも人道的な良心の声としてうけいれられた。いな、それはただにイギリスのみならず、世界の思想界にも大きな影響を及ぼした。例えば、日本においても経済学や政治学がイギリスのそれとして紹介された明治のはじめから、全明治時代を通じて、ミルはあらゆる制度の最良の先生であるかの如くに仰がれもし、祖述されもしたのである。現に、明治の末期において経済学の学習をした私の如きも、学生中は彼の権威に疑いをさしはさむことは許されないことのように教えられたものである。ミルの学説は、「調和すべからざるものを調和しよう」とするところの資本主義イデオロギーであり、それは資本主義の不合理を人道主義のオブラートに包んだものにすぎないのではないかと思うようになったのは、後日、そのことをいち早く言明したマルクスの経済学を学ぶようになってからのことであった。一般にいっても、そういう批判がはじまったのは大正の末期以後であった。

ここに訳出した『女性の解放』は、右のようなミルの、その多数の著作のうち、とくに晩年の作である。したがってまた彼の全哲学がこのうちに結晶しているといってよい。彼のこの書はたんなる男女同権論にすぎないが、この書の魅力は、今となっては、その結論そのものではなく、その論証の論理の強靱さにあるといっていいであろう。全篇の組み立て方およびその論理の運び方については、この訳書のはじめについているスタントン・コイトの『要約』を見ていただけばよい。それによってわかるように、ミルは先ず第一章においては、現在の法律において男女が同権でないという事実をあげ、これは男性が女性より優れているという理由から来たものではない。これは男性が女性よりも肉体的に強かったというような不合理な歴史によるものだ。だからこれを改めることが社会の進歩である。社会の進歩というのは各人の自由の拡充である。そこで、われわれの任務は、女性にも職業選択の自由をゆるさねばならない。あらゆる職業と地位とを女性に解放するようにしなければならぬと叫ぶ。次に第二章においては、より具体的に、現在のイギリスにおいて法律上女性は妻として娘として、夫や父にたいしていかに隷属しているかを指摘する。そしてそのことのために、女性はその天賦の能力を発揮してその人格をたくましく完成することがさまたげられているという。ここで著者は、さらに法律上はどうであれ、女性は妻として娘としてすでに幸福ではないかという議論を反駁し、そういう議論こそ、男性のわがままであるという。そして第三章において、女性が政治上社会上重要な地位につき得ないようになっているのはなぜか、それは、社会の制度を作ったものが男性だからだ。許されれば、女性といえども、政治についても社会的な仕事についても男性に劣らない業績をあげることができるといって、その例をあげ、いままでにその例が乏しくても、ほんとうに女性が解放されるならば、全体として人間の社会的能力を増大するにちがいないとのべる。第四章は、すなわち彼の結論である。彼は、ここで女性の解放はそれ自身正義の要求であるから、われわれはこれを実現する義務をもっているが、しかしこの要求が正しいのはそれだけのためではない。これを実現すれば男性のわがままを制限し有能な女性をして社会的に重要な地位につかしめるという利益がある。そうなれば、男性の伴侶としても市民としても、女性は今よりもっと立派な人間となるにちがいない。だから女性の解放は人間の解放である。その半数からその人格完成のさまたげとなっている大きな障碍を排除することによって人間は解放される。

これがこの『女性の解放』の大意である。読者のうちには、そうか、そんなことならばわかり切ったことではないか、古くさい誰でも知っていることではないかと思う人もあろう。まさにその通りである。なぜならば、日本国憲法にも「すべて国民は、法の下に平等であって、……性別……により、政治的、経済的又は社会的関係において、差別されない。」(第十四条)とかかれ、また現行の選挙法にも「日本国民で年齢満二十年以上の者は、衆議院議員及び参議院議員の選挙権を有する。」（公職選挙法第九条）とかかれている。被選挙権についても年齢の制限が異るだけで同様である。いまさら、法律上政治上女性は男性と同じ権利をもたなければならぬというようなことをいう必要はない。そういう意味では、婦人参政権の問題はすでに過去の問題であり、改めて口に泡をたてて論じる必要はない。しかし、ミルがこれを書いた時代においては、イギリスにおいてもそうでなかったのである。いな、ミルの議論は一種の過激な改革主義としてイギリスにおいてさえかんたんにはうけいれられなかったのである。本書をよむものは、そういう事情を一応知っておく必要があろう。

いうまでもなく政治上のデモクラシーは相当にふるい淵源をもつものである。そしてその人権平等の原理からいうならば、女性もまた人権をもたねばならず、その人権を保障するためには、女性もまた選挙権をもたねばならないことは自明の理だと考えられるだろう。しかし実際の話はそうかんたんではない。フランス革命前には急進的な思想家も多く、彼等はみな人権の平等を叫んでいたのであるが、そのうちにおいて、女性にも選挙権を与えなければならないという要求をかかげていた人は非常にすくなかったのである。これは例えばキリスト教でさえ、女性をもって罪の子とし、結婚をもって罪のつぐないとしていたのが西洋の伝統であったこと、また事実女性は家庭の内部にあって家族の衣食と育児とだけに従事していて、男性のように社会に出て働くということがなかったことをあわせ考えれば、せっかくの人権思想も、この点にまでは及ばなかったのがむしろ自然である。もっともこういう事情のもとにおいても、コンドルセーやウォールストンクラフトというような人々があって、フランスやイギリスにおいてそれぞれ男女同権の主張をしたという事実はあった。またフランス革命にさいしても一連の婦人が女性の人権を宣言すべしという請願を国民会議に提出したという事実もあった。しかしそういうことはこれらの国々においても国民的な要望であるとは全く考えられなかったのであり、したがってそれは成法上の原則とはなり得なかったのである。伝統とはそういうものであり、その伝統のもとにおいては、選挙とは人権そのものの保障を目的とするものではなくて、適当な政治家を選ぶ方法であるから、当然制限的でなくてはならぬというようなおかしな議論が、むしろ常識であったのだ。

婦人参政権の問題は、こうしてデモクラシーの実践のうちにも長く無視されていた。それが社会正義の一つの問題としてほんとうにとりあげられるようになったのは、イギリスにおいても、その他の国においても、やはり産業革命のあとであった。産業革命は、いままで家庭で行われていた家族労働による消費物の生産を工場の生産物によっておきかえ、また多数の女性を家庭から工場に動員して、女性が家庭外の職場にはたらくようにさせたのであるが、またそれらの問題を社会的政治問題ともさせたのである。というのは、こうして新しく動員された女性の労働はしばしば危険を伴い、また彼女等を過労に追い込んだのにかかわらず、彼女等に与えられる報酬があまりにも少く、そのことがどう考えても社会的正義に合わなかったからである。資本主義の原理たる自由放任という原則は人道的な罪悪を当然とする原則であることが、とくに心ある人々の目をひくようになって来たからであった。さらにいえば、こういうことになるまでは、今の法律制度そのもの、政治そのもののうちに何か大きい欠陥があるということに気づくためには、産業革命をまたねばならなかったのである。そこで婦人問題の提出は当然にもオーウェン流の社会主義のうちからはじまり、ウィリアム・トムソンというような人々によって正式の要求として立てられた。それはまた当然にも、世界史上最初の組織的な労働運動が最後において獲得しようとする目標の一つであった。その運動とは、一八三〇年代におけるイギリスの運動であるチャーティストの運動をさすのである。これは性質上いまの意味の社会主義ではなく、デモクラシー運動であったから、彼等は労働者の解放を議会制度の改善に求めて、普通選挙を要求したのであった。そしてその要求の一つとして婦人参政権をもそのうちに加えたのであった。この運動において労働者側は熱意にあふれてずいぶん努力したけれども、運動の結果はまずく、政治的にはほとんど何の成果もあげず、運動はいつのまにか線香花火のように消え去ってしまった。というのは、この運動の組織にはいろいろの小市民やブルジョアが混合しているのに対し、労働階級もまたまとまった組織をもっていなかったからで、要するに前者の人々が後者の要求を裏切ったからである。政治とはそういうものであり、その制度の改革とはそのようにむつかしいものである。そこで、こうした運動の失敗のあとに、労働運動は労働運動として再出発した。その際、彼等は労働問題は議会制度の問題ではなくして、もっとひろい経済問題であるということを自覚しはじめていた。そしてその事実が、それを見ていた経済学者政治学者としてのミルをもくるしめていた。というのは、ミルは、前にものべたように古典的な資本主義経済学者として資本主義の原理を疑うことはできなかったが、産業革命のもたらした社会の非人道的事実は認めざるを得なかったからであり、それを匡正することをもって自己の任務たることを否定し得なかったからである。すなわち社会主義の正義が彼の哲学をゆるがせていたのである。そして思いついたのが彼の改良主義であったわけだ。すなわち彼はこれら資本主義の弊害を改良するのには普通選挙を徹底するがいい、とくに婦人にも選挙権を与えるがいいと思いついたのである。ミルの『女性の解放』がイギリスの政治的常識にたいして急進的であったのは、こういう事情の内にそれが生れたからであって、より具体的にはチャーティスト運動の要求を何等かの方法で容れようとするものであったからであった。それが急進主義とされた理由もそれであった。ミルがこのことをいかに実践的に考えたかは、イギリスの進歩主義者たちがミルにたいして、この論を提げて議会に立つことを要望したとき、元来学者であった彼がそれに答えて、立候補したことによっても明らかである。すなわち彼は一八六五年には議会の人として、イギリスの議会においてはじめて婦人参政権の要求をした。彼はイギリスの法律上選挙権はマン(男性)に制限せられているが、それは改めてパースン(人)に与えらるべきものであると提案した。ミルのこの提案にたいして、議会は提案者の人格にたいしては敬意を表したけれども、案そのものには政治の常識に反するとして賛成しなかった。案は一九三対七三をもって葬られた。このとき、時の首相グラッドストーンは、「私はミル氏の意見には反対であるが、私の一票は大勢を左右しないから、きょうはとくにミル氏に敬意を払う意味で賛成投票をする」とのべた。

要するにミルの主張は当時のイギリスでは急進的にすぎるとされたが、この主張が正しいものであることは、その後間もなく世界的に認められるようになって来た。例えば、デンマークやスウェーデンやノールウェーにおいては、カミラ・コレットやエレン・ケイやによってこの主張はうけつがれた。そしてそれらの人々の主張たる婦人参政権は、さらに他の国においても要求されるようになって来た。そしてこの運動においては、その主張はミルによって武装された。日本においてもいわゆる女性解放の運動が文学的思想的運動から婦選運動へ転化した時代においては、その先駆者たちは、その典拠をミルに求めたようである。神近市子氏は、後年（一九四九年）において次のように書いている。「彼（ミル）はまた婦人の隷属によって成立する結婚と、男子の暴力によってつづけられる結婚生活の継続に、押えがたい嫌悪の情をもち、かかる両性の生活は動物のそれに近く、人間の生活として認めることを恥とするとまで極論している。そして彼の論点は明晰であり、その情熱は今日の私共からみて絶対に正しいのである」（三元社・社会主義講座『婦人問題』五八頁）と。

しかしながら、これに対しては、こういう批評が出た。「ミルがこの本で特別に非難しているのは社交界の有閑婦人の無智と遊惰であり、これによい教育を与えて、その才能を発揮させ、社会に寄与させなければならない、現在のような有閑徒食の寄生的な生活は社会にとっても本人にとっても無意味だという点が主眼で、中流以下の家庭婦人や労働婦人の問題はとりあげられていません」（以上『婦人問題』二九頁――山川菊栄氏）と。この批評は、この書は、ブルジョア・デモクラシーの埒の内で婦人の地位を改善する方法論であって、それ以上のものではないので、婦人問題はこれだけでは解決できないというのである。

事実、ミルの時代においては女性の地位はわるかった。そしてそれは資本主義的工場生産に女性が動員せられるようになったことによってとくにひどくなったのであった。だから、根本的に考えれば、婦人問題は資本主義制度の問題の一つの現われであることはわかるはずであり、それがわかれば婦人問題の解決は社会主義でなくてはならぬという風に理解がすすむべきであったのだが、ミルの教養と環境の関係ではそこまでは行かなかったのである。ひとりマルクスとエンゲルスとはすでにそういうことを考えていた。しかし、彼等がそう考えていても、彼等の社会主義理論が大衆のものとなり、実際上の力となるのには、その後なお多くの年月と社会的事実の堆積とが必要であった。ここで社会的事実といったのは、いうまでもなく産業革命の結果としての無産階級の増大、その無産階級中においてとくに女子労働者の地位の悪化をいうのである。そしてこういう社会的事実は誰の目にもつくまでに堆積しても、それを一度にくずすことは資本主義をくずすことと同一なので、そうかんたんなことではないのである。それは社会主義という思想が労働階級の運動の精神として結晶し、それがほんとうの婦人問題の解決の道であることが社会全体の人によくわからなくては駄目である。ヨーロッパにおいてさえ、こういうことがわかって来たのはやっと十九世紀後半、ミルが死んでからのことであった。そしてそれには正式にはマルクス、エンゲルスから出た社会主義の原理を社会的歴史的事実に照してわかり易い形で世の中に訴えることが必要であった。ドイツの社会民主党の首領の一人であったベーベルの作『婦人と社会主義』がそれに役立った。すなわち、女性解放の運動は、この書によって新しい基礎を与えられた形となった。旧い古典にたいして新しい時代の経典ができたわけである。いまやこの新しい経典は世界各国においても日本においても広くよまれている。前述山川氏の論もそれをふまえてのことである。われわれはこのことからも、婦人問題の大きさとその性質の変化を見なくてはならぬ。またその解決方法の進化を見なくてはならぬ。そのとき、何故にミルが古典となってしまったかがわかるであろう。

ミルの『女性の解放』は、このように過渡的な議論であるが、それが古典たりえた理由の一つに、その主張が精彩に富み、情熱的な説得力をもっていたということがある。そしてそうである理由は、ミルがまれなフェミニストであったからだ。それをいわないではこの本の解説は不十分であろう。というのは、ミルは通常テイラー夫人とよばれているミル夫人をこの上もなく尊敬していて、その夫人のインスピレーションによってこの本が書かれたといわれるからである。例えば、ミルはこの人を「最善の思想については、自分に霊感を与えた人」であるともいっている。また「最善の著作については合著者であった」ともいっている。この『女性の解放』についてもこう書いている。「この論文のうちで、最も著しくまた深いところは私の妻のおかげである。すなわち（多年にわたって）われわれの精神にあんなに大きな地位を占めていた課題について二人の無数の会話と議論とによってわれわれ二人に共有のものとなっていた精神的資産から、この論文は生れ出たものであった。」と。またこうも語っている。「男女両性の間に存在しなければならぬ法律的、政治的、社会的、家庭的関係における平等に関する強い信念は、彼女から採用しあるいは学んだものと思われる人があるかも知れないが、それは絶対にそうではない。これらの信念は、私が政治問題に心を潜めた一番最初の結論というべきものであり、この信念の強さが、彼女が私に興味を感じた何物にもまさった原動力であったろう。しかし、実をいえば、私は彼女を知るまでは、この意見も、私の心の中で、一つの抽象的な理論にすぎなかった。……しかし『女性の解放』に表明されている女性の無能力から来る広い実際上の影響についての認識は、主として彼女から学んだものである。彼女の人間性についてのたぐい稀な知識、道徳的、社会的影響についての理解、そういうものがなかったなら、たとい私がいまのような意見をもっていたところで、女性の低い地位から来る結果が、現代社会のあらゆる害悪や、人間改善のあらゆる困難と、どういう風に結びついているかの認識は十分でなかったと思う」と。これらは彼の『自叙伝』からの引用であるが、これらによって考えると、ミルは元来女性解放論者ではあったのだが、それを具体的に展開する気になったのも、またそれを展開する上で一々の具体的な問題について相談したのもテイラー夫人であったようだ。そしてこの書の出版は夫人の死後のことであるが、彼はこの執筆と出版とをもって、一つは自己の晩年を飾ろうとし、一つは彼女を記念しようとしたのである。そうであるならば、女性解放のこのバイブルは男性の手によってかかれたものであるが、彼がそれを書きえたのは、そのうちに一個の女性の女性解放についての要求が情熱的にもえていたおかげであったということになるであろう。

それでは、このようにミルに尊敬されたテイラー夫人とはどういう婦人であったのだろうか。それにも一言ふれておくことが適当であろう。ハリエット・テイラーはロンドンの田舎の豪家に生れた才媛であった。が、彼女が育つときにはその家はすでに没落しつつあった。そこで彼女は十八歳のときに、ロンドンの金持であった薬種商人ジョン・テイラーのところに嫁にやられたのである。このテイラーは非常に善良な人ではあったが、けっして知的な人ではなかったから、ハリエットはこの結婚に精神的には満足ではなかった。このとき、ハリエットのところに一人の名家の出身である才学すぐれた青年学者がやって来た。いうまでもなくそれはミルであった。ミル二十五歳、テイラー夫人二十三歳。以後、この才子とこの佳人とはたびたびテイラーの家で会うことになった。多分二人はお茶をのみながら人生のあらゆる問題について、また社会のあらゆる問題について論じあったのであろう。そしてその間において、お互に相手の識見の高さと人格の美しさにたいする傾倒は度を加えたのである。しかしミルの家庭はとくべつに厳格であったのだから、独身の男子が夫のある女性とあまり親密に交際することを好まなかった。またミルの属していた当時のインテリの社会も、こういう点では今のように自由でなかった。自然、友人のうちにもミルを誡める人がでて来た。しかしミルは遠慮がちながら、そういう障碍をこえてその謹厳な交際をつづけていた。一方、テイラー夫人においても同様の障碍があったが、それはただ彼女のミルにたいする思慕をつのらせるに役立っただけであった。あるとき、夫人は思いあまってそのことを夫に告白したけれども、意外にも、夫は、それを別にとがめもしなかった。こうして極めて特異な二人の交遊は二十年もつづいた。そのとき、偶然にもテイラーは病気にとりつかれ、その夫人の親切な看護にもかかわらずこの世を去っていった。そして少なからざる遺産がテイラー夫人にのこされた。そこで、夫人はテイラーの遺子をつれて正式にミルに嫁することとなったのである。ミルはすでに四十六歳、押しも押されもせぬイギリス学界の輝ける明星であった。そこで、またこの話はロンドンの思想界の話題となった。しかし幸にミルとテイラー夫人との新しい家庭は至極円満であった。二人は幸福であった。しかし好事魔多しだ。あるとき、二人はイタリアの旅に出たが、途中で夫人は肺充血のために死んだ。そしてこの幸福な家庭生活は七年半で終りをつげた。ミルのかなしみが大きかったことはいうまでもない。彼はその旅先のテイラー夫人の死んだ地、南仏のアヴィニョンの近くに小さい家を買い、そこで夫人の跡を弔いつつ余生の大部分をおくった。『女性の解放』はこの地でこういうときにそのいまの形をととのえて世に送られたのである。

昔から才子と佳人との奇遇の話は多い。日本の婦人運動が起ったときにおいても、そういう話題が幾つか伝えられた。しかし、この場合は何といっても一方は十九世紀最大の経済学者であり、一方はロンドンの社交界の異彩であった。それでこのロマンスはいまもなお思想史家の語り草となっている。(例えば一九五一年には F. A. Hayck 著 John Stuart Mill and Harriet Taylor という本が出ている)。私もまた昔それについて一文を草したこともあるが、(雑誌『我等』大正十年一月号)、ここにはこれ以上このロマンスについて書きしるす必要はないであろう。詳しいことについては、まずミルの『自叙伝』を見ていただきたい。

くり返していうが、ミルというのは、イギリスの功利主義という勃興期資本主義のイデオロギーの最も正統の子であった。そういう思想の代表者であった父ジェームス・ミルがそういう思想にもとづいて最も厳格に最も誠実に育てた子だった。彼もそういう教育をうけいれるのに適したあらゆる性格をもっていた少年であった。そういうミルが、どういう風にしてその単純な合理主義に疑いをいだくようになったのだろうか。それが思想史家の問題である。そして彼等は、しばしばその原因の一つに右の恋愛における彼自身の苦悩があったと説くのである。もしそうだとするならば、この才子佳人の奇遇は、社会的意義をもったといっていいであろう。

さて、最後に、日本においていまのときに、この本が訳出される必要があるだろうかという問題に答えなければならぬ。私はすでに暗示したように、いまさらミルでもあるまいという説に反対ではないが、そう単純にいい切ることにも賛成しない。というのは日本の婦人問題は、女性に参政権が与えられたことによってけっして全部解かれたとはいえないからである。また近く解かれるとも思えないからである。これは、選挙権があっても、女性のすべてがそれを適当に使っていないということであり、かりにそれはだんだん正しく使われるようになるにしても、それによって解決しなくてはならぬ問題がまだ残るということである。すなわち婦人参政権をもっと女性のために有効にするためには、女性も男性も、婦人参政権とはどういう目的をもつものであるかをもっとよく理解することが必要である。私はそういう理解のために、この古典は改めて読まるべき価値をもつと思う。それは権威をもってそれを教えるにちがいない。

しかし、いまの日本となれば、より必要なものはミルの議論の批評でないかという論に私は賛成する。ただ、それもまたそうかんたんな話ではないといいたい。というのは、そういう批評の地盤が各人において熟さなくては、ほんとうの批評はできないからであり、各人においてそういう地盤ができるためには、一般にいえば、社会においてそういう条件ができなければならない。その条件とは、女性がもつところの社会的能力、その生産的労働能力が伸びえないでいるということについてのほんとうの自覚である。裏を返していえば、社会主義が女性を解放すべきほんとうの方法であるということのたしかな見透しである。私は社会の生産力の発展は、資本主義の矛盾として、日一日とこの条件を作りつつあることを疑わないものであるが、いまの現実そのものは、こういう自覚としてすでにその主体性を確立するまでにはなっていないと思う。まだまだ、日本人が、とくに女性が大いに努力しなくてはそういうことにはならぬと思う。そしてその努力はそういう思想が合理的であること、そういう思想は思想の歴史の上でも必然のものであることを学ぶことに向けられなくてはならぬ。ところがその思想の過去の歴史のうちには、このミルの本がいかめしくそびえているのである。それを十分にのり越えるためにも、本書はなお読まれていいはずではないか。

この訳業をはじめたときと、四十年後のいまと日本も変ったが、女性の位置もずいぶん変った。私は感慨多少でない。私はこの上とも彼女等の地位がよくなるように祈り、とくに若き女性がそのために発奮されることを期待する。

一九五七年一月

女性《じよせい》の解放《かいほう》　J. S. ミル著

1957年 3月25日　第1刷発行
2024年12月13日　第31刷発行

訳　者　大内兵衛《おおうちひようえ》　大内節子《おおうちせつこ》

発行者　坂本政謙

発行所　株式会社 岩波書店
〒101-8002 東京都千代田区一ツ橋 2-5-5

案内 03-5210-4000　営業部 03-5210-4111
文庫編集部 03-5210-4051
https://www.iwanami.co.jp/

印刷・精興社　製本・牧製本

ISBN 978-4-00-341167-4　Printed in Japan

読書子に寄す

──岩波文庫発刊に際して──

岩波茂雄

真理は万人によって求められることを自ら欲し、芸術は万人によって愛されることを自ら望む。かつては民を愚昧ならしめるために学芸が最も狭き堂宇に閉鎖されたことがあった。今や知識と美とを特権階級の独占より奪い返すことはつねに進取的なる民衆の切実なる要求である。岩波文庫はこの要求に応じそれに励まされて生まれた。それは生命ある不朽の書を少数者の書斎と研究室とより解放して街頭にくまなく立たしめ民衆に伍せしめるであろう。近時大量生産予約出版の流行を見る。その広告宣伝の狂態はしばらくおくも、後代にのこすと誇称する全集がその編集に万全の用意をなしたるか。千古の典籍の翻訳企図に敬虔の態度を欠かざりしか。さらに分売を許さず読者を繋縛して数十冊を強うるがごとき、はたしてその揚言する学芸解放のゆえんなりや。吾人は天下の名士の声に和してこれを推挙するに躊躇するものである。このときにあたって、岩波書店は自己の責務のいよいよ重大なるを思い、従来の方針の徹底を期するため、すでに十数年以前より志して来た計画を慎重審議この際断然実行することにした。吾人は範をかのレクラム文庫にとり、古今東西にわたって文芸・哲学・社会科学・自然科学等種類のいかんを問わず、いやしくも万人の必読すべき真に古典的価値ある書をきわめて簡易なる形式において逐次刊行し、あらゆる人間に須要なる生活向上の資料、生活批判の原理を提供せんと欲する。この文庫は予約出版の方法を排したるがゆえに、読者は自己の欲する時に自己の欲する書物を各個に自由に選択することができる。携帯に便にして価格の低きを最主とするがゆえに、外観を顧みざるも内容に至っては厳選最も力を尽くし、従来の岩波出版物の特色をますます発揮せしめようとする。この計画たるや世間の一時の投機的なるものと異なり、永遠の事業として吾人は微力を傾倒し、あらゆる犠牲を忍んで今後永久に継続発展せしめ、もって文庫の使命を遺憾なく果たさしめることを期する。芸術を愛し知識を求むる士の自ら進んでこの挙に参加し、希望と忠言とを寄せられることは吾人の熱望するところである。その性質上経済的には最も困難多きこの事業にあえて当たらんとする吾人の志を諒として、その達成のため世の読書子とのうるわしき共同を期待する。

昭和二年七月

《法律・政治》〔白〕

人権宣言集　高木八尺・末延三次・宮沢俊義 編
新版 世界憲法集 第二版　高橋和之 編
君主論　マキアヴェッリ 河島英昭 訳
フィレンツェ史 全二冊　マキァヴェッリ 齊藤寛海 訳
リヴァイアサン 全四冊　ホッブズ 水田洋 訳
ビヒモス　ホッブズ 山田園子 訳
法の精神 全三冊　モンテスキュー 野田良之・稲本洋之助・上原行雄・田中治男・三辺博之・横田地弘 訳
完訳 統治二論　ジョン・ロック 加藤節 訳
寛容についての手紙　ジョン・ロック 加藤節・李静和 訳
キリスト教の合理性　ジョン・ロック 加藤節 訳
ルソー 社会契約論　桑原武夫・前川貞次郎 訳
フランス二月革命の日々 ―トクヴィル回想録　トクヴィル 喜安朗 訳
アメリカのデモクラシー 全四冊　トクヴィル 松本礼二 訳
リンカーン演説集　高木八尺・斎藤光 訳
権利のための闘争　イェーリング 村上淳一 訳
近代人の自由と古代人の自由・征服の精神と簒奪 他一篇　コンスタン 堤林剣・堤林恵 訳
民主主義の本質と価値 他一篇　ハンス・ケルゼン 長尾龍一・植田俊太郎 訳
危機の二十年 ―理想と現実　E・H・カー 原彬久 訳
ザ・フェデラリスト　A・ハミルトン J・ジェイ J・マディソン 斎藤眞・中野勝郎 訳
アメリカの黒人演説集 ―キング・マルコムX・モリスン他　荒このみ 編訳
モーゲンソー 国際政治 ―権力と平和 全三冊　原彬久 監訳
ポリアーキー　ロバート・A・ダール 高畠通敏・前田脩 訳
現代議会主義の精神史的状況 他一篇　カール・シュミット 樋口陽一 訳
政治的なものの概念　カール・シュミット 権左武志 訳
第二次世界大戦外交史 全二冊　芦田均
憲法講話　美濃部達吉
日本国憲法　長谷部恭男 解説
民主体制の崩壊 ―危機・崩壊・再均衡　ファン・リンス 横田正顕 訳
憲法　鵜飼信成

《経済・社会》〔白〕

政治算術　ペティ 大内兵衛・松川七郎 訳
国富論 全四冊　アダム・スミス 水田洋 監訳 杉山忠平 訳
道徳感情論 全二冊　アダム・スミス 水田洋 訳
法学講義　アダム・スミス 水田洋 訳
コモン・センス 他三篇　トーマス・ペイン 小松春雄 訳
経済学における諸定義　マルサス 玉野井芳郎 訳
オウエン自叙伝　ロバアト・オウエン 五島茂 訳
戦争論 全三冊　クラウゼヴィッツ 篠田英雄 訳
自由論　J・S・ミル 塩尻公明・木村健康 訳
大学教育について　J・S・ミル 竹内一誠 訳
功利主義　J・S・ミル 関口正司 訳
ロンバード街 ―ロンドンの金融市場　バジョット 宇野弘蔵 訳
イギリス国制論 全二冊　バジョット 遠山隆淑 訳
ユダヤ人問題によせて ヘーゲル法哲学批判序説　マルクス 城塚登 訳
経済学・哲学草稿　マルクス 城塚登・田中吉六 訳
新編輯版 ドイツ・イデオロギー　マルクス・エンゲルス 廣松渉 編訳 小林昌人 補訳
マルクス エンゲルス 共産党宣言　大内兵衛・向坂逸郎 訳
賃労働と資本　マルクス 長谷部文雄 訳
賃銀・価格および利潤　マルクス 長谷部文雄 訳
マルクス 経済学批判　武田隆夫・遠藤湘吉・大内力・加藤俊彦 訳

マルクス 資本論 全九冊　エンゲルス編　向坂逸郎訳
裏切られた革命　トロツキー　藤井一行訳
文学と革命 全二冊　トロツキー　桑野隆訳
ロシア革命史 全五冊　トロツキー　藤井一行訳
トロツキー わが生涯 全二冊　森田成也　志田昇訳
空想より科学へ —社会主義の発展　エンゲルス　大内兵衛訳
イギリスにおける労働者階級の状態 —一九世紀のロンドンとマンチェスター 全二冊　エンゲルス　一条和生　杉山忠平訳
帝国主義　レーニン　宇高基輔訳
国家と革命　レーニン　宇高基輔訳
雇用、利子および貨幣の一般理論 全二冊　ケインズ　間宮陽介訳
シュムペーター 経済発展の理論 全二冊　塩野谷祐一　中山伊知郎　東畑精一訳
シュムペーター 経済学史 —学説ならびに方法の諸段階　中山伊知郎　東畑精一訳
日本資本主義分析　山田盛太郎
恐慌論　宇野弘蔵
経済原論　宇野弘蔵
資本主義と市民社会 他十四篇　大塚久雄　齋藤英里編
共同体の基礎理論 他六篇　大塚久雄　小野塚知二編

言論・出版の自由 —アレオパジティカ 他一篇　ミルトン　原田純訳
ユートピアだより　ウィリアム・モリス　川端康雄訳
有閑階級の理論　ヴェブレン　小原敬士訳
社会科学と社会政策にかかわる認識の「客観性」　マックス・ヴェーバー　富永祐治　立野保男訳　折原浩補訳
プロテスタンティズムの倫理と資本主義の精神　マックス・ヴェーバー　大塚久雄訳
職業としての学問　マックス・ヴェーバー　尾高邦雄訳
社会学の根本概念　マックス・ヴェーバー　清水幾太郎訳
職業としての政治　マックス・ヴェーバー　脇圭平訳
古代ユダヤ教 全三冊　マックス・ヴェーバー　内田芳明訳
支配について 全二冊　マックス・ウェーバー　野口雅弘訳
宗教と資本主義の興隆 歴史的研究 全二冊　トーニー　出口勇蔵・越智武臣訳
世論 全二冊　リップマン　掛川トミ子訳
贈与論 他二篇　マルセル・モース　森山工訳
国民論 他二篇　マルセル・モース　森山工編訳
ヨーロッパの昔話 その形と本質　マックス・リュティ　小澤俊夫訳
独裁と民主政治の社会的起源 —近代世界形成過程における領主と農民 全二冊　バリントン・ムーア　宮崎隆次　森山茂徳　高橋直樹訳
大衆の反逆　オルテガ・イ・ガセット　佐々木孝訳

シャドウ・ワーク　イリイチ　玉野井芳郎　栗原彬訳

《自然科学》〔青〕

ヒポクラテス医学論集　國方栄二編訳
科学と仮説　ポアンカレ　河野伊三郎訳
ロウソクの科学　ファラデー　竹内敬人訳
種の起原 全二冊　ダーウィン　八杉龍一訳
自然発生説の検討　パストゥール　山口清三郎訳
完訳 ファーブル昆虫記 全十冊　山田吉彦　林達夫訳
科学談義　T・H・ハックスリ　小泉丹訳
メンデル 雑種植物の研究　岩槻邦男　須原準平訳
アインシュタイン 相対性理論　内山龍雄訳・解説
相対論の意味　アインシュタイン　矢野健太郎訳
アインシュタイン 一般相対性理論　小玉英雄編訳・解説
自然美と其驚異　ジョン・ラバック　板倉勝忠訳
ダーウィニズム論集　八杉龍一編訳
近世数学史談　高木貞治
ニールス・ボーア論文集1 因果性と相補性　山本義隆編訳

ニールス・ボーア論文集2 量子力学の誕生 山本義隆編訳

ハッブル 銀河の世界 戎崎俊一訳

パロマーの巨人望遠鏡 全二冊 D・O・ウッドベリー 関 正雄・湯澤 博・成相恭二訳

生物から見た世界 ユクスキュル・クリサート 日高敏隆・羽田節子訳

ゲーデル 不完全性定理 林 晋・八杉満利子訳

日本の酒 坂口謹一郎

生命とは何か —物理的にみた生細胞 シュレーディンガー 岡 小天・鎮目恭夫訳

ウィーナー サイバネティックス —動物と機械における制御と通信 池原止戈夫・彌永昌吉・室賀三郎・戸田 巌訳

熱輻射論講義 マックス・プランク 西尾成子訳

コレラの感染様式について ジョン・スノウ 山本太郎訳

20世紀科学論文集 現代宇宙論の誕生 須藤 靖編

高峰譲吉文集 いかにして発明国民となるべきか 鈴木 淳編

相対性理論の起原 他四篇 廣重 徹・西尾成子編

ガリレオ・ガリレイの生涯 他二篇 ヴィンチェンツォ・ヴィヴィアーニ 田中一郎訳

精選 物理の散歩道 ロゲルギスト 松浦 壮訳

《哲学・教育・宗教》〔青〕

ソクラテスの弁明・クリトン　プラトン　久保勉訳
ゴルギアス　プラトン　加来彰俊訳
饗宴　プラトン　久保勉訳
テアイテトス　プラトン　田中美知太郎訳
パイドロス　プラトン　藤沢令夫訳
メノン　プラトン　藤沢令夫訳
国家　全二冊　プラトン　藤沢令夫訳
プロタゴラス　—ソフィストたち　プラトン　藤沢令夫訳
パイドン　—魂の不死について　プラトン　岩田靖夫訳
アナバシス　—敵中横断六〇〇〇キロ　クセノポン　松平千秋訳
アリストテレス　ニコマコス倫理学　全二冊　高田三郎訳
アリストテレス　形而上学　全二冊　出隆訳
アリストテレス　弁論術　戸塚七郎訳
アリストテレース詩学　ホラーティウス詩論　松本仁助　岡道男訳
物の本質について　ルクレーティウス　樋口勝彦訳
エピクロス　—教説と手紙　出隆　岩崎允胤訳

生の短さについて　他二篇　セネカ　大西英文訳
怒りについて　他二篇　セネカ　兼利琢也訳
エピクテトス　人生談義　全二冊　國方栄二訳
人さまざま　テオプラストス　森進一訳
マルクス・アウレーリウス　自省録　神谷美恵子訳
老年について　キケロー　中務哲郎訳
友情について　キケロー　中務哲郎訳
弁論家について　全二冊　キケロー　大西英文訳
平和の訴え　エラスムス　箕輪三郎訳
エラスムス＝トマス・モア往復書簡　沓掛良彦　高田康成訳
方法序説　デカルト　谷川多佳子訳
哲学原理　デカルト　桂寿一訳
精神指導の規則　デカルト　野田又夫訳
情念論　デカルト　谷川多佳子訳
パンセ　全三冊　パスカル　塩川徹也訳
パスカル　小品と手紙　塩川徹也　望月ゆか訳
スピノザ　神学・政治論　全二冊　畠中尚志訳

知性改善論　スピノザ　畠中尚志訳
スピノザ　エチカ（倫理学）　全二冊　畠中尚志訳
スピノザ　国家論　畠中尚志訳
スピノザ往復書簡集　畠中尚志訳
デカルトの哲学原理　—附 形而上学的思想　スピノザ　畠中尚志訳
スピノザ　神・人間及び人間の幸福に関する短論文　畠中尚志訳
モナドロジー　他二篇　ライプニッツ　谷川多佳子　岡部英男訳
ノヴム・オルガヌム（新機関）　ベーコン　桂寿一訳
市民の国について　全二冊　ヒューム　小松茂夫訳
自然宗教をめぐる対話　ヒューム　犬塚元訳
君主の統治について　—謹んでキプロス王に捧げる　トマス・アクィナス　柴田平三郎訳
精選　神学大全　全四冊　トマス・アクィナス　山本芳久編　稲垣良典／訳
エミール　全三冊　ルソー　今野一雄訳
人間不平等起原論　ルソー　本田喜代治　平岡昇訳
ルソー　社会契約論　桑原武夫　前川貞次郎訳
言語起源論　—旋律と音楽的模倣について　ルソー　増田真訳
ディドロ　絵画について　佐々木健一訳

純粋理性批判 全三冊　カント　篠田英雄訳
カント 実践理性批判　波多野精一・宮本和吉・篠田英雄訳
判断力批判 全二冊　カント　篠田英雄訳
永遠平和のために　カント　宇都宮芳明訳
プロレゴメナ　カント　篠田英雄訳
人倫の形而上学 全二冊　カント　熊野純彦・宮村悠介訳
シュライエルマッハー 独白　木場深定訳
ヘーゲル 政治論文集 全二冊　金子武蔵訳
哲学史序論 —哲学と哲学史　ヘーゲル　武市健人訳
歴史哲学講義 全二冊　ヘーゲル　長谷川宏訳
法の哲学 —自然法と国家学の要綱　ヘーゲル　上妻精・佐藤康邦・山田忠彰訳
学問論　シェリング　西川富雄・藤田正勝監訳
自殺について 他四篇　ショウペンハウエル　斎藤信治訳
読書について 他二篇　ショウペンハウエル　斎藤忍随訳
知性について 他四篇　ショーペンハウエル　細谷貞雄訳
不安の概念　キェルケゴール　斎藤信治訳
死に至る病　キェルケゴール　斎藤信治訳

体験と創作 全二冊　ディルタイ　柴田治三郎・小牧健夫訳
眠られぬ夜のために 全二冊　ヒルティ　草間平作・大和邦太郎訳
幸福論 全三冊　ヒルティ　草間平作・大和邦太郎訳
悲劇の誕生　ニーチェ　秋山英夫訳
ツァラトゥストラはこう言った 全二冊　ニーチェ　氷上英廣訳
道徳の系譜　ニーチェ　木場深定訳
善悪の彼岸　ニーチェ　木場深定訳
この人を見よ　ニーチェ　手塚富雄訳
プラグマティズム　W・ジェイムズ　桝田啓三郎訳
宗教的経験の諸相 全二冊　W・ジェイムズ　桝田啓三郎訳
日常生活の精神病理　フロイト　高田珠樹訳
精神分析入門講義 全二冊　フロイト　高田珠樹・新宮一成・須藤訓任・道籏泰三訳
純粋現象学及現象学的哲学考案 全二冊　フッセル　池上鎌三訳
デカルト的省察　フッサール　浜渦辰二訳
愛の断想・日々の断想　ジンメル　清水幾太郎訳
ジンメル宗教論集　深澤英隆編訳
笑い　ベルクソン　林達夫訳

道徳と宗教の二源泉　ベルクソン　平山高次訳
物質と記憶　ベルクソン　熊野純彦訳
時間と自由　ベルクソン　中村文郎訳
ラッセル教育論　安藤貞雄訳
ラッセル幸福論　安藤貞雄訳
存在と時間 全四冊　ハイデガー　熊野純彦訳
学校と社会　デューイ　宮原誠一訳
民主主義と教育 全二冊　デューイ　松野安男訳
我と汝・対話　マルティン・ブーバー　植田重雄訳
アラン 幸福論　神谷幹夫訳
アラン 定義集　神谷幹夫訳
天才の心理学　E・クレッチュマー　内村祐之訳
英語発達小史　H・ブラッドリ　寺澤芳雄訳
日本の弓術　オイゲン・ヘリゲル述　柴田治三郎訳
似て非なる友について 他三篇　プルタルコス　柳沼重剛訳
ことばのロマンス —英語の語源　ウィークリー　寺澤芳雄・出淵博訳
ヴィーコ 学問の方法　上村忠男・佐々木力訳

国家と神話 全二冊　カッシーラー　熊野純彦訳
天才・悪　ブレンターノ　篠田英雄訳
人間の頭脳活動の本質 他一篇　ディーツゲン　小松摂郎訳
反啓蒙思想 他二篇　バーリン　松本礼二編
マキアヴェッリの独創性 他三篇　バーリン　川出良枝編
ロシア・インテリゲンツィヤの誕生 他五篇　バーリン　桑野隆編
論理哲学論考　ウィトゲンシュタイン　野矢茂樹訳
自由と社会的抑圧　シモーヌ・ヴェイユ　冨原眞弓訳
根をもつこと 全二冊　シモーヌ・ヴェイユ　冨原眞弓訳
重力と恩寵　シモーヌ・ヴェイユ　冨原眞弓訳
全体性と無限 全二冊　レヴィナス　熊野純彦訳
啓蒙の弁証法 ―哲学的断想　M・ホルクハイマー T・W・アドルノ　徳永恂訳
ヘーゲルからニーチェへ 十九世紀思想における革命的断絶 全二冊　レーヴィット　三島憲一訳
統辞構造論 付『言語理論の論理構造』序論　チョムスキー　福井直樹 辻子美保子訳
統辞理論の諸相 方法論序説　チョムスキー　福井直樹 辻子美保子訳
快楽について　ロレンツォ・ヴァッラ　近藤恒一訳
ニーチェ みずからの時代と闘う者　ルドルフ・シュタイナー　高橋巖訳

フランス革命期の公教育論　コンドルセ他　阪上孝編訳
人間の教育 全二冊　フレーベル　荒井武訳
旧約聖書 創世記　関根正雄訳
旧約聖書 出エジプト記　関根正雄訳
旧約聖書 ヨブ記　関根正雄訳
旧約聖書 詩篇　関根正雄訳
新約聖書 福音書　塚本虎二訳
文語訳 新約聖書 詩篇付
文語訳 旧約聖書 全四冊
キリストにならいて　トマス・ア・ケンピス　大沢章 呉茂一訳
聖アウグスティヌス 告白 全二冊　服部英次郎訳
アウグスティヌス 神の国 全五冊　服部英次郎 藤本雄三訳
新訳 キリスト者の自由・聖書への序言　マルティン・ルター　石原謙訳
キリスト教と世界宗教　シュヴァイツェル　鈴木俊郎訳
カルヴァン小論集　波木居斉二編訳
聖なるもの　オットー　久松英二訳
コーラン 全三冊　井筒俊彦訳

エックハルト説教集　田島照久編訳
ムハンマドのことば ハディース　小杉泰編訳
新約聖書外典 ナグ・ハマディ文書抄　荒井献 大貫隆 小林稔 筒井賢治 編訳
後期資本主義における正統化の問題　ハーバーマス　山田正行・金慧訳
シンボルの哲学 ―理性、祭礼、芸術のシンボル試論　S・K・ランガー　塚本明子訳
ジャック・ラカン 精神分析の四基本概念 全二冊　ジャック＝アラン・ミレール編　小出浩之 新宮一成 鈴木國文 小川豊昭訳
精神と自然 生きた世界の認識論　グレゴリー・ベイトソン　佐藤良明訳
精神の生態学へ 全三冊　グレゴリー・ベイトソン　佐藤良明訳
人間の知的能力に関する試論 全二冊　トマス・リード　戸田剛文訳
開かれた社会とその敵 全四冊　カール・ポパー　小河原誠訳

《イギリス文学》〔赤〕

- ユートピア — トマス・モア／平井正穂訳
- 完訳カンタベリー物語 全三冊 — チョーサー／桝井迪夫訳
- ヴェニスの商人 — シェイクスピア／中野好夫訳
- 十二夜 — シェイクスピア／小津次郎訳
- ハムレット — シェイクスピア／野島秀勝訳
- オセロウ — シェイクスピア／菅泰男訳
- リア王 — シェイクスピア／野島秀勝訳
- マクベス — シェイクスピア／木下順二訳
- ソネット集 — シェイクスピア／高松雄一訳
- ロミオとジューリエット — シェイクスピア／平井正穂訳
- リチャード三世 — シェイクスピア／木下順二訳
- 対訳シェイクスピア詩集 —イギリス詩人選(1) — 柴田稔彦編
- から騒ぎ — シェイクスピア／喜志哲雄訳
- 冬物語 — シェイクスピア／桒山智成訳
- 言論・出版の自由 —アレオパジティカ 他一篇 — ミルトン／原田純訳
- 失楽園 全二冊 — ミルトン／平井正穂訳
- ロビンソン・クルーソー 全二冊 — デフォー／平井正穂訳
- 奴婢訓 他一篇 — スウィフト／深町弘三訳
- ガリヴァー旅行記 — スウィフト／平井正穂訳
- トリストラム・シャンディ 全三冊 — ロレンス・スターン／朱牟田夏雄訳
- ウェイクフィールドの牧師 —むだばなし — ゴールドスミス／小野寺健訳
- 幸福の探求 —アビシニアの王子ラセラスの物語 — サミュエル・ジョンソン／朱牟田夏雄訳
- 対訳ブレイク詩集 —イギリス詩人選(4) — 松島正一編
- 対訳ワーズワス詩集 —イギリス詩人選(3) — 山内久明編
- 湖の麗人 — スコット／入江直祐訳
- キプリング短篇集 — 橋本槙矩編訳
- 対訳コウルリッジ詩集 イギリス詩人選(7) — 上島建吉編
- 高慢と偏見 全二冊 — ジェーン・オースティン／富田彬訳
- ジェイン・オースティンの手紙 — 新井潤美編訳
- マンスフィールド・パーク 全二冊 — ジェイン・オースティン／新井潤美・宮丸裕二訳
- シェイクスピア物語 全二冊 — チャールズ・ラム／メアリー・ラム／安藤貞雄訳
- エリア随筆抄 — チャールズ・ラム／南條竹則編訳
- デイヴィッド・コパフィールド 全五冊 — ディケンズ／石塚裕子訳
- 炉辺のこほろぎ — ディケンズ／本多顕彰訳
- ボズのスケッチ 短篇小説篇 全二冊 — ディケンズ／藤岡啓介訳
- アメリカ紀行 全二冊 — ディケンズ／伊藤弘之・下笠徳次・隈元貞広訳
- イタリアのおもかげ — ディケンズ／伊藤弘之・下笠徳次・隈元貞広訳
- 大いなる遺産 全二冊 — ディケンズ／石塚裕子訳
- 荒涼館 全四冊 — ディケンズ／佐々木徹訳
- 鎖を解かれたプロメテウス — シェリー／石川重俊訳
- アイルランド 歴史と風土 — オフェイロン／橋本槙矩訳
- ジェイン・エア 全二冊 — シャーロット・ブロンテ／河島弘美訳
- 嵐が丘 全二冊 — エミリー・ブロンテ／河島弘美訳
- サイラス・マーナー — ジョージ・エリオット／土井治訳
- アルプス登攀記 全二冊 — ウィンパー／浦松佐美太郎訳
- アンデス登攀記 全二冊 — ウィンパー／大貫良夫訳
- ジーキル博士とハイド氏 — スティーヴンスン／海保眞夫訳
- 南海千一夜物語 — スティーヴンスン／中村徳三郎訳
- 若い人々のために 他十一篇 — スティーヴンスン／岩田良吉訳
- 怪談 —不思議なことの物語と研究 — ラフカディオ・ハーン／平井呈一訳

ドリアン・グレイの肖像　オスカー・ワイルド　富士川義之訳
サロメ　ワイルド　福田恆存訳
嘘から出た誠　ワイルド　岸本一郎訳
童話集 幸福な王子 他八篇　オスカー・ワイルド　富士川義之訳
分らぬもんですよ　バァナード・ショウ　市川又彦訳
ヘンリ・ライクロフトの私記　ギッシング　平井正穂訳
南イタリア周遊記　ギッシング　小池滋訳
闇の奥　コンラッド　中野好夫訳
密偵　コンラッド　土岐恒二訳
対訳 イエイツ詩集　高松雄一編
月と六ペンス　モーム　行方昭夫訳
読書案内 —世界文学　W・S・モーム　西川正身訳
人間の絆 全三冊　モーム　行方昭夫訳
サミング・アップ　モーム　行方昭夫訳
モーム短篇選 全二冊　行方昭夫編訳
アシェンデン —英国情報部員のファイル　モーム　中島賢二・岡田久雄訳
お菓子とビール　モーム　行方昭夫訳

ダブリンの市民　ジョイス　結城英雄訳
荒地　T・S・エリオット　岩崎宗治訳
オーウェル評論集　小野寺健編訳
パリ・ロンドン放浪記　ジョージ・オーウェル　小野寺健訳
カタロニア讃歌　ジョージ・オーウェル　都築忠七訳
動物農場 —おとぎばなし　ジョージ・オーウェル　川端康雄訳
対訳 キーツ詩集 —イギリス詩人選(10)　宮崎雄行編
キーツ詩集　中村健二訳
オルノーコ 美しい浮気女　アフラ・ベイン　土井治訳
解放された世界　H・G・ウェルズ　浜野輝訳
大転落　イヴリン・ウオー　富山太佳夫訳
回想のブライズヘッド 全二冊　イーヴリン・ウォー　小野寺健訳
愛されたもの　イーヴリン・ウォー　中村健二・出淵博訳
対訳 ジョン・ダン詩集 —イギリス詩人選(2)　湯浅信之編
フォースター評論集　小野寺健編訳
白衣の女 全三冊　ウィルキー・コリンズ　中島賢二訳
アイルランド短篇選　橋本槇矩編訳

灯台へ　ヴァージニア・ウルフ　御輿哲也訳
狐になった奥様　ガーネット　安藤貞雄訳
フランク・オコナー短篇集　阿部公彦訳
たいした問題じゃないが —イギリス・コラム傑作選　行方昭夫編訳
真昼の暗黒　アーサー・ケストラー　中島賢二訳
文学とは何か —現代批評理論への招待 全二冊　テリー・イーグルトン　大橋洋一訳
D・G・ロセッティ作品集　南條竹則・松村伸一編訳
真夜中の子供たち 全二冊　サルマン・ラシュディ　寺門泰彦訳
英国古典推理小説集　佐々木徹編訳

《アメリカ文学》〔赤〕

ギリシア・ローマ神話 付 インド・北欧神話　ブルフィンチ 野上弥生子訳
中世騎士物語　ブルフィンチ 野上弥生子訳
フランクリン自伝　松本慎一 西川正身訳
スケッチ・ブック 全二冊　アーヴィング 齊藤昇訳
アルハンブラ物語 全二冊　アーヴィング 平沼孝之訳
ウォルター・スコット邸訪問記　アーヴィング 齊藤昇訳
ブレイスブリッジ邸　アーヴィング 齊藤昇訳
エマソン論文集 全二冊　エマソン 酒本雅之訳
完訳 緋文字　ホーソーン 八木敏雄訳
黒猫・モルグ街の殺人事件 他五篇　ポオ 中野好夫訳
対訳 ポー詩集 —アメリカ詩人選(1)　加島祥造編
黄金虫・アッシャー家の崩壊 他九篇　ポオ 八木敏雄訳
ポオ評論集　八木敏雄編訳
森の生活 (ウォールデン) 全二冊　ソロー 飯田実訳
市民の反抗 他五篇　H・D・ソロー 飯田実訳
白鯨 全三冊　メルヴィル 八木敏雄訳

ビリー・バッド　メルヴィル 坂下昇訳
ホイットマン自選日記 全二冊　杉木喬訳
対訳 ホイットマン詩集 —アメリカ詩人選(2)　木島始編
対訳 ディキンソン詩集 —アメリカ詩人選(3)　亀井俊介編
不思議な少年　マーク・トウェイン 中野好夫訳
王子と乞食　マーク・トウェーン 村岡花子訳
人間とは何か　マーク・トウェイン 中野好夫訳
ハックルベリー・フィンの冒険 全二冊　マーク・トウェイン 西田実訳
いのちの半ばに　ビアス 西川正身訳
新編 悪魔の辞典　ビアス 西川正身編訳
ビアス短篇集　大津栄一郎編訳
ねじの回転 デイジー・ミラー　ヘンリー・ジェイムズ 行方昭夫訳
ワシントン・スクエア　ヘンリー・ジェイムズ 河島弘美訳
死の谷 マクティーグ 全二冊　ノリス 石田英二 井上宗次訳
シスター・キャリー 全二冊　ドライサー 村山淳彦訳
響きと怒り 全二冊　フォークナー 平石貴樹 新納卓也訳
アブサロム、アブサロム! 全二冊　フォークナー 藤平育子訳

八月の光 全二冊　フォークナー 諏訪部浩一訳
武器よさらば 全二冊　ヘミングウェイ 谷口陸男訳
オー・ヘンリー傑作選　大津栄一郎訳
アメリカ名詩選　亀井俊介 川本皓嗣編
魔法の樽 他十二篇　マラマッド 阿部公彦訳
青白い炎　ナボコフ 富士川義之訳
風と共に去りぬ 全六冊　マーガレット・ミッチェル 荒このみ訳
対訳 フロスト詩集 —アメリカ詩人選(4)　川本皓嗣編
とんがりモミの木の郷 他五篇　セアラ・オーン・ジュエット 河島弘美訳
無垢の時代　イーディス・ウォートン 河島弘美訳
暗闇に戯れて —白さと文学的想像力　トニ・モリスン 都甲幸治訳

《歴史・地理》〔青〕

- 新訂 魏志倭人伝・後漢書倭伝・宋書倭国伝・隋書倭国伝 —中国正史日本伝1　石原道博編訳
- 新訂 旧唐書倭国日本伝・宋史日本伝・元史日本伝 —中国正史日本伝2　石原道博編訳
- ヘロドトス 歴史 全三冊　松平千秋訳
- トゥーキュディデース 戦史 全三冊　久保正彰訳
- ガリア戦記　カエサル　近山金次訳
- タキトゥス 年代記 —ティベリウス帝からネロ帝へ 全二冊　国原吉之助訳
- ランケ世界史概観 —近世史の諸時代　鈴木成高・相原信作訳
- ランケ自伝　林健太郎訳
- 歴史における個人の役割　プレハーノフ　木原正雄訳
- 古代への情熱 —シュリーマン自伝　シュリーマン　村田数之亮訳
- 大君の都 —幕末日本滞在記 全三冊　オールコック　山口光朔訳
- アーネスト・サトウ 一外交官の見た明治維新 全二冊　坂田精一訳
- ベルツの日記 全二冊　トク・ベルツ編　菅沼竜太郎訳
- 武家の女性　山川菊栄
- インディアスの破壊についての簡潔な報告　ラス・カサス　染田秀藤訳
- ラス・カサス インディアス史 全七冊　長南実訳　石原保徳編
- インディアスの破壊をめぐる賠償義務論 —十二の疑問に答える　ラス・カサス　染田秀藤訳
- コロンブス 全航海の報告　林屋永吉訳
- 大森貝塚 —付 関連史料　E・S・モース　近藤義郎・佐原真編訳
- ナポレオン言行録　オクターヴ・オブリ編　大塚幸男訳
- 中世的世界の形成　石母田正
- 日本の古代国家　石母田正
- 平家物語 他六篇　石母田正　髙橋昌明編
- クリオの顔 歴史随想集　E・H・ノーマン　大窪愿二編訳
- 日本における近代国家の成立　E・H・ノーマン　大窪愿二訳
- 旧事諮問録 —江戸幕府役人の証言 全二冊　旧事諮問会編　進士慶幹校注
- ローマ皇帝伝 全二冊　スエトニウス　国原吉之助訳
- アリランの歌 —ある朝鮮人革命家の生涯　ニム・ウェールズ　キム・サン　松平いを子訳
- さまよえる湖 全二冊　ヘディン　福田宏年訳
- 老松堂日本行録 —朝鮮使節の見た中世日本　宋希璟　村井章介校注
- 十八世紀パリ生活誌 —タブロー・ド・パリ 全二冊　メルシエ　原宏編訳
- ヨーロッパ文化と日本文化　ルイス・フロイス　岡田章雄訳注
- ギリシア案内記 全二冊　パウサニアス　馬場恵二訳
- オデュッセウスの世界　フィンリー　下田立行訳
- 東京に暮す —一九二八～一九三六　キャサリン・サンソム　大久保美春訳
- ミカド —日本の内なる力　W・E・グリフィス　亀井俊介訳
- 増補 幕末百話　篠田鉱造
- 幕末明治 女百話 全二冊　篠田鉱造
- 日本中世の村落　清水三男　大山喬平・馬田綾子校注
- トゥバ紀行　メンヒェン＝ヘルフェン　田中克彦訳
- 徳川時代の宗教　R・N・ベラー　池田昭訳
- ある出稼石工の回想　マルタン・ナド　喜安朗訳
- 革命的群衆　G・ルフェーヴル　二宮宏之訳
- 植物巡礼 —プラント・ハンターの回想　F・キングドン-ウォード　塚谷裕一訳
- 日本滞在日記 —一八〇四―一八〇五　レザーノフ　大島幹雄訳
- モンゴルの歴史と文化　ハイシッヒ　田中克彦訳
- 歴史序説 全四冊　イブン＝ハルドゥーン　森本公誠訳
- ダンピア 最新世界周航記 全二冊　平野敬一訳
- ローマ建国史 全三冊(既刊上巻)　リーウィウス　鈴木一州訳
- 元治夢物語 —幕末同時代史　馬場文英　徳田武校注

岩波文庫の最新刊

デリダ著／藤本一勇訳
アデュー
―エマニュエル・レヴィナスへ―
レヴィナスから受け継いだ「アーデュー」という言葉。デリダの応答は、その遺産を存在論や政治の彼方にある倫理、歓待の哲学へと導く。
〔青N六〇五-二〕 定価一二一〇円

ヘリオドロス作／下田立行訳
エティオピア物語(上)
ナイル河口の殺戮現場に横たわる、手負いの凜々しい若者と、女神の如き美貌の娘――映画さながらに波瀾万丈、古代ギリシアの恋愛冒険小説巨編。（全二冊）
〔赤一二七-一〕 定価一〇〇一円

永井荷風著／中島国彦・多田蔵人校注
断腸亭日乗(二) 大正十五―昭和三年
永井荷風(一八七九―一九五九)の四十一年間の日記。(二)は、大正十五年より昭和三年まで。大正から昭和の時代の変動を見つめる。(注解・解説＝中島国彦)（全九冊）
〔緑四二-一五〕 定価一一八八円

ゲルツェン著／金子幸彦・長縄光男訳
過去と思索(四)
一八四八年六月、臨時政府がパリ民衆に加えた大弾圧は、ゲルツェンの思想を新しい境位に導いた。専制支配はここにもある。西欧への幻想は消えた。（全七冊）
〔青N六一〇-五〕 定価一六五〇円

今月の重版再開

ディオゲネス・ラエルティオス著／加来彰俊訳
ギリシア哲学者列伝(上)(中)(下)
〔青六六三-一～三〕 定価各一二七六円

定価は消費税 10% 込です　2024. 10

岩波文庫の最新刊

カール・シュミット著／権左武志訳
政治的神学
——主権論四章——

例外状態や決断主義、世俗化など、シュミットの主要な政治思想が初めて提示された一九二二年の代表作。初版と第二版との異同を示し、詳細な解説を付す。
〔白三〇-二〕 **定価七九二円**

ジョン・スタインベック作／青山南訳
チャーリーとの旅
——アメリカを探して——

一九六〇年。激動の一〇年の始まりの年。老プードルを相棒に全国をめぐる旅に出た作家は、アメリカのどんな真相を見たのか？　路上を行く旅の記録。
〔赤三二七-四〕 **定価一三六四円**

大曾根章介・小峯和明校注
日本往生極楽記・続本朝往生伝

平安時代の浄土信仰を伝える代表的な往生伝二篇。慶滋保胤の『日本往生極楽記』、大江匡房の『続本朝往生伝』。あらたに詳細な注解を付した。
〔黄四四-二〕 **定価一〇〇一円**

ヘッベル作／香田芳樹訳
戯曲 ニーベルンゲン

運命のいたずらか、王たちの嫁取り騒動は、英雄の暗殺、骨肉相食む復讐に至る。中世英雄叙事詩をリアリズムの悲劇へ昇華させた、ヘッベルの傑作。
〔赤四二〇-五〕 **定価一一五五円**

ヘリオドロス作／下田立行訳
エティオピア物語（下）

神々に導かれるかのように苦難の旅を続ける二人。死者の蘇り、都市の水攻め、暴れ牛との格闘など、語りの妙技で読者を引きこむ、古代小説の最高峰。（全二冊）
〔赤一二七-二〕 **定価一〇〇一円**

……今月の重版再開……

リョンロット編／小泉保訳
フィンランド叙事詩 **カレワラ（上）**
定価一五〇七円
〔赤七四五-一〕

リョンロット編／小泉保訳
フィンランド叙事詩 **カレワラ（下）**
定価一五〇七円
〔赤七四五-二〕